beck'sche reihe

bsr

Russland – kein anderes Land in Europa beschäftigt uns so stark, während wir doch im Grunde nur wenig über seine Geschichte und Gesellschaft wissen. Gerd Ruge, Deutschlands bekanntester Russland-Experte, führt den Leser in diesem Buch durch die russische Geschichte, schildert die Prägungen des Landes unter den Zaren und dem Sowjetstern, und er erläutert mit souveräner Kennerschaft die Hintergründe und Tendenzen der aktuellen russischen Politik.

Gerd Ruge ist einer der angesehensten deutschen Journalisten und war u. a. lange Jahre Leiter des ARD-Studios in Moskau. Für seine Arbeit erhielt er zahlreiche Auszeichnungen.

Gerd Ruge

Russland

Portrait eines *Nachbarn*

Verlag C.H.Beck

Dieser Band erschien zuerst 2008 in der Reihe
«Die Deutschen und ihre Nachbarn»,
herausgegeben von
Helmut Schmidt und Richard von Weizsäcker

Mit 14 Abbildungen und 4 Karten

1., durchgesehene Auflage in der BsR. 2012

Satz aus der Stone und Gill: Fotosatz Amann, Aichstetten
Druck und Bindung: Druckerei C.H.Beck, Nördlingen
Umschlagabbildungen: Roter Platz © akg-images/Bildarchiv Monheim,
Gerd Ruge © Daniel Biskup/laif
Umschlaggestaltung: Konstanze Berner
nach einem Konzept von malsyteufel, Willich
Printed in Germany
ISBN 978 3 406 63324 9

www.beck.de

EINLEITUNG

Nachbarn waren sie nie, die Deutschen und die Russen. Aber als Verbündete und als Gegner sind sie einander in Krieg und Frieden nahe gewesen. Die Erfahrungen, die sie miteinander machten, haben die Geschichte beider Völker und ganz Europas mitbestimmt. Dabei war die Kenntnis von den Zuständen in dem anderen Land ungenau, oft dürftig. Ganz unterschiedliche Urteile und Vorurteile konkurrierten miteinander, lösten einander auf manchmal skurrile Weise ab und hinterließen dennoch, bei den Russen noch mehr als bei den Deutschen, die Überzeugung einer besonders engen, gefühlsbestimmten Verbindung. Trotz leidvoller Erfahrungen meinten die Russen immer wieder, die Deutschen seien ihnen von allen anderen Völkern am nächsten – näher als Engländer, Franzosen, Amerikaner oder gar Italiener. Und in Deutschland lobte man die Gefühlstiefe, Herzlichkeit und Gastfreundschaft der Russen, die dem deutschen Gemüt so viel näher standen als die Nachbarn und Verbündeten im Westen. In Zeiten militärischer und politischer Konflikte wurden dann ganz andere, negative Urteile unkritisch übernommen. Die Geschichte der Beziehungen zwischen den Russen und den Deutschen ist geprägt von geringer Kenntnis und großen Illusionen.

«EIN GROBS, UNGESCHICKTS VOLK»

Im ersten deutschen Lexikon, dem Nürnberger Registerbuch von 1493, taucht ein Satz auf, der aus dem deutschen Russlandbild niemals ganz verschwunden ist: «Die Reussen stoßen an die Litawer, ein grobs, ungeschickts Volk». Fast 90 Jahre später schildert Nicodemus Frischlin die russische Gesandtschaft auf dem Regensburger Reichstag 1576: «Dann kamen die Moskauer aus dem skythischen Land angereist: Eine Versammlung wilder und schrecklicher noch als die Türken, finstere Brüder und finstere Blicke. Wie einst die rohen Cyklopen im Aetnagebirge hausten, bewegen sie sich mit entsetzlicher Größe vorwärts – Männer mit wilden, grauenvollen Mienen und fahler Stirn.»

Friedrich der Große, der in lebenswichtigen Augenblicken seiner Kriege mit dem Zarenreich verbündet war, schrieb: «Die Russen sind faul, aber eigennützig, geschickt im Nachahmen, aber ohne Erfindungsgeist. Die Großen sind rebellisch, die Garde ist für die Herrscher eine stete Gefahr, das Volk ist dumm, trunksüchtig, abergläubisch und unglücklich.» Dass die Russen besonders barbarisch gebrandschatzt hätten, schien dem Preußenkönig kein russisches Charakteristikum. Er befahl seinen Generälen: «In Schwedisch-Pommern muß so gehauset werden, wie die Russen es in Preußen gemacht haben, und das Mecklenburgsche muß vivres und Winterquartiere hergeben.» In der Überlieferung der Vorurteile allerdings hat sich die hinterwäldlerische Grausamkeit berittener Kosaken als speziell russische Eigenschaft niedergeschlagen.

«DEUTSCH-RUSSISCHE WAHLVERWANDTSCHAFT»?

150 Jahre später sah ein deutscher Dichter, der Russland liebte, die Russen ganz anders, als weiche, seelenvolle Menschen. «Der Russe eignet sich zum Revolutionär so wenig wie ein Batisttaschentuch», schrieb Rainer Maria Rilke, «er kann nur unter völliger Verkennung seiner eigentlichen Eigenschaften ein Revolutionär sein.» Ähnliche Widersprüche finden sich in den Beschreibungen des russischen Staatswesens. Liberale und radikale Demokraten im 19. Jahrhundert, nicht zuletzt Marx und Engels, sahen in Russland eine despotische Macht, deren Rückständigkeit ganz Europa bedrohe und dessen Politik als Leitstern nur die Weltherrschaft kenne, eine durchtriebene

Die Gesandtschaft des Großfürsten von Moskau auf dem Reichstag in Regensburg, Einblattdruck 1576

Regierung, die über eine Masse von Barbaren herrschte. Sie konnten auch nicht die Ansätze eines Staatswesens erkennen, in dem Gesetze und nicht lediglich Alleinherrscher das Leben ordneten. In der Auseinandersetzung mit Russland, in der es ebenso sehr um den Weg der deutschen Politik ging, waren es die Konservativen, die einen geistigen Verbündeten in Russland zu erkennen glaubten. Friedrich Nietzsche sah Russland als Antithese zu Europas Partikularismus und Nervosität und erhoffte für die Zukunft eine Integration von Slawen und Deutschen. Thomas Mann sprach von der «deutsch-russischen Wahlverwandtschaft» und fragte, ob die Deutschen und Russen nicht eine gemeinsame Haltung gegenüber Europa teilten. In Russland, auch noch in der jungen Sowjetunion, sahen deutsche Konservative und Nationalisten ein Land der Zukunft, ein junges Volk, das seine Rechte gegen die verbrauchten Staaten Westeuropas und Amerikas durchsetze. Es gab, wie Thomas Mann schrieb, eben auch in Deutschland Slawophile, und damit meinte er nicht Freunde der Slawen, sondern Menschen, die sich wie die russischen Slawophilen des 19. Jahrhunderts gegen den rationalen, industrialisierten, demokratisch konstituierten Westen wandten. Bei denen, die auch Deutschlands Seele gefährdet sahen, lag solche Russlandschwärmerei nahe. Ihnen erschienen die Russen durchaus positiv als Gegner des Individualismus, hingegeben an die Gemeinschaft, die eine Geschichte geprägt hatte, in der Herrscher und Volk eins waren.

Solche scheinbar positiven Vorurteile vom «kollektiven Seelenwesen» schlugen aber schon in der nationalistischen deutschen Geschichtswissenschaft des 19. Jahrhunderts in das Bild vom rückständigen, barbarischen Russen um, der unfähig sei, eine eigene Kultur oder Staatlichkeit zu entwickeln. Dies war ein seltsames Urteil über ein Land, das unter einheitlicher, zentraler Führung schon früh zu einem Imperium herangewachsen war, während unter den Deutschen jahrhundertelang kein geschlossenes Reich entstehen konnte, sondern nur ein Flickenteppich einander bekämpfender und misstrauender Fürsten und Herzogtümer, die in Bündnissen mit den Nachbarn gegeneinander konspirierten und kämpften. Russische Staatlichkeit sei nicht von Slawen, sondern von Germanen geschaffen worden, den Kiewer Fürsten, die von Wikingern abstammten. «Die Organisation eines russischen Staatsgebildes», schrieb Hitler in «Mein Kampf», «war nicht das Ergebnis der staatspolitischen Fähigkeiten des Slawentums in Russland, sondern vielmehr nur ein wundervolles Beispiel für die staatenbildende Wirksamkeit der germanischen Elemente in einer minderwertigen Rasse.» Von hier war es nur ein kleiner Schritt zu den Vorurteilen gegen faule, schmutzige und brutale Russen, die darauf warteten, von den feldgrauen Germanen unterworfen zu werden, und schließlich zur mörderischen These vom bolschewistischen Untermenschen. Auch in der Zeit des Kalten Krieges wirkten solche älteren Vorurteile zunächst weiter, wenngleich sie in der deutschen Politik weder in dem von Russen besetzten noch in dem mit dem

Westen verbündeten Deutschland einen breiten Russenhass auslösen konnten. Selbst in Erzählungen deutscher Kriegsgefangener, die nach Jahren aus russischen Lagern zurückkehrten, kamen Beispiele einfacher Menschlichkeit häufig vor. Aber es dauerte fast drei Jahrzehnte, bis ein rationales politisches Gespräch zwischen den Regierungen in Bonn und Moskau möglich wurde. Erst als Michail Gorbatschow als Generalsekretär der Kommunistischen Partei die sowjetische Politik führte, wurde aus negativen Vorurteilen eine Art Russlandbegeisterung. Als Gorbatschow abtrat, tauchten in Deutschland ältere Vorurteile wieder auf: Ein Land ohne Sinn für Ordnung, von Jelzin ins Chaos geführt und von Putin als eine Art neuer Stalin wieder zur Diktatur gemacht und zu einer die Nachbarn bedrohenden Großmacht. Wobei bei Deutschen wie bei Russen Zweifel aufkamen, ob Russland überhaupt demokratiefähig sei oder besser mit einer Ordnung von oben leben könne.

«DIE DEUTSCHEN HABEN DEN AFFEN ERFUNDEN»

Auch die russischen Vorstellungen von den Deutschen haben sich bis in die jüngste Geschichte häufig verändert und umgeformt. Wer diese Deutschen eigentlich waren, blieb den Russen selbst im Sprachgebrauch lange unklar. Ein russisches Reich mit einer Hauptstadt und deutlichen Grenzen hatte es spätestens seit dem 15. Jahrhundert gegeben. Die Deutschen dagegen waren den Russen nur als Preußen, Österreicher, Württemberger oder Bayern, als Bürger verschiedener Einzelstaaten gegenübergetreten, die in Koalitionen und Gegenkoalitionen oft auf verschiedenen Seiten standen. In einer Erzählung von 1832 steht bei Gogol: «Einen Deutschen nennt man bei uns jeden, der aus einem fremden Lande stammt, sei er nun Franzose oder Großkaiserlicher oder Schwede, immer ist er ein Deutscher.»

«Nemets» heißt ursprünglich nur so viel wie «ein Stummer», einer, der nicht verständlich reden kann. Im Laufe der Jahrhunderte hat sich über die Grenzen der deutschen Fürstentümer hinweg eine ungefähre Vorstellung von dem «Deutschen» entwickelt – die nicht durch Staatsangehörigkeit, sondern durch Gemeinsamkeiten und Eigenschaften, auf höherer Ebene durch einen Begriff von deutscher Kultur, geprägt war. Diese Deutschen hatten dabei von den Russen oft Bewunderung erwartet, wie es sie so eindeutig nie gab. Zwar waren die Deutschen besonders im 19. Jahrhundert den Russen als großes Kulturvolk, als ein durchorganisiertes Land wissenschaftlichen und technischen Fortschritts erschienen, aber zugleich verloren sie nie das Erstaunen darüber, dass die Deutschen, wenn sie ihnen leibhaftig gegenüberstanden, so viel weniger eindrucksvoll waren: Die russische Literatur ist voll von deutschen Hauslehrern, die manchmal liebenswert, aber meist doch schrecklich beschränkt und pedantisch sind. Die Bewunderung des gebildeten und zivilisierten Deutschland lebte neben der Verwunderung über die Spießigkeit und Engherzigkeit der Deutschen, denen man begegnete. Die russische Redensart «Die Deutschen haben den Affen erfunden» war keineswegs nur Ausdruck der Wertschätzung deutschen Erfindergeistes.

In den Briefen des klugen anarchistischen Denkers Michail Bakunin findet sich Verwunderung darüber, «dass sich ... die glühenden Verehrer Lessings, Schillers, Goethes, Kants, Fichtes und Hegels noch heute zu ergebenen und sogar freiwilligen Vollstreckern von Maßnahmen machen lassen, die alles andere als human und liberal sind, die ihnen aber von der Regierung vorgeschrieben werden.»

Diesen Deutschen, wie auch den deutschen Handwerkern und Kaufleuten, die sich in Russland angesiedelt hatten, schien etwas Pedantisches und Kleinbürgerliches anzuhaften, das den Russen zutiefst zuwider war. Ein russischer Stolz auf die eigene Natur, sogar auch die eigenen Fehler und Schwächen, stellte sich gegen die Geschöpfe der bewunderten deutschen Bildung, die zwar ordentlich, geschickt und fleißig waren und doch so fantasielos, langweilig und stur. Saltykow-Schtschedrin hat das gegen Ende des 19. Jahrhunderts in seiner Geschichte vom «Jungen mit Hosen und Jungen ohne Hosen» beschrieben, von dem russischen und dem deutschen Jungen. Der deutsche Junge spricht gestelzt, der russische frech und lustig. Der Russe fragt den Deutschen, ob es in seinem Lande wirklich an den Chausseen Obstbäume gebe, von denen niemand die Früchte stehle. «Bei uns ist das anders», sagt der kleine Russe, «wir würden nicht nur die Äpfel auffressen, wir würden auch noch die Zweige abbrechen.» Dann wechselt der Ton der Geschichte, als der Deutsche dem russischen Jungen Arbeit als Knecht auf einem Bauernhof anbietet – bei guter Unterkunft und Verpflegung. Der Russe will wissen, ob es wahr sei, dass die Deutschen ihre Seele für einen Pfennig verkauften, wenn sie Arbeit annähmen. Der Deutsche wirft dem russischen Jungen vor, dass die Russen ihre Seele für ein Nichts weggäben, und der Junge ohne Hosen antwortet stolz: «Ja, das tun wir, wir geben sie für nichts weg, aber nicht für einen Pfennig.»

WANDEL DER GESELLSCHAFTEN IM WANDEL DER ERFAHRUNGEN

Vom Bild des nur ordentlichen, gebildeten, idealistischen Deutschen des 19. Jahrhunderts blieb wenig übrig, seit die deutschen Besatzer im Zweiten Weltkrieg Massenmorde, Massendeportationen, Unterdrückung und Ausbeutung nach Russland hineintrugen. Michail Scholochow hat das Erschrecken, den Schock beschrieben, den das Eindringen der deutschen Armeen 1941 in Russland auslöste. Die deutsche Besatzung entsprach traditionellen Vorstellungen vom Volk der Dichter und Denker ebenso wenig wie der sowjetischen Propaganda, die wenigstens das deutsche Proletariat als zwar unterdrückt, aber doch als Klasse fortschrittlicher Menschen mit guten Absichten dargestellt hatte. Es war diese Erfahrung des Krieges und die darauf aufbauende politische Propaganda, die in den ersten Nachkriegsjahrzehnten die sowjetische Außenpolitik, aber auch das Deutschlandbild der Russen beeinflussten und veränderten. In Deutschland hallte die Nazi-Propaganda mit ihrem Bild vom «russischen Untermenschen» in vielen Köpfen nach, freilich im Laufe der Jahre abnehmend. In beiden deutschen Staaten wirkte die ungewohnte Erkenntnis, zum ersten Mal in einem eroberten, gedemütigten und geteilten Lande zu leben. Für Millionen Menschen war das Auftreten der sowjetischen Kriegsgewinner eine schreckliche Erfahrung gewesen, die unterschwellig weiterwirkte. Aber zugleich gab es bei denen, die die sowjetische Gefangenschaft überlebten, geradezu sentimentale Erinnerungen an die Begegnungen mit Russen in schwerster Zeit. Bemerkenswert bleibt, dass die Ereignisse von Krieg und Nachkrieg bei den Menschen der Bundesrepublik Deutschland nur wenige Spuren hinterlassen haben, die man als Russenhass deuten könnte, wenngleich sich Russenangst in der Bundesrepublik immer wieder einmal innen- und außenpolitisch benutzen ließ.

In der DDR wurden die Russen von einem großen Teil der Bevölkerung zunächst als brutale, undisziplinierte Eroberer erlebt. Die SED-Politiker erschienen als untergeordnete Administratoren der Besatzungsmacht, die mit Lobreden und Freundschaftskult wenig mehr erreichten, als dass ihre Unselbstständigkeit noch augenfälliger wurde. An den Schulen der DDR blieb die russische Sprache ein ungeliebtes Fach. Neben den Stolz, an der Seite einer Weltraummacht zu stehen, trat das Bedauern, nur nach Taschkent, Tbilissi oder Moskau reisen zu können, aber eben nicht nach Paris oder ans Mittelmeer. Im Laufe der letzten Lebensjahrzehnte der Sowjetunion erlebte man im Gespräch mit Wirtschaftswissenschaftlern und Planern aus der DDR zunehmend alte deutsche Vorurteile von russischer Schlamperei und russischem Durcheinander, das den Aufbau des Sozialismus behindere. In Moskau wiederum schwärmten russische Reisende vom Konsumgüterangebot in der DDR und wunderten sich über den ideologischen Ernst, mit dem ihnen deutsche Bekannte noch immer gegenübertraten. Der Hochmut, mit dem in der DDR oft über die Schlamperei im sozialistischen Mutterland gelästert wurde, war auch hohen Sowjetfunktionären ein Ärgernis. Aber noch Ende der 80er-Jahre gab es in Moskau Altfunktionäre, die in der innerparteilichen Auseinandersetzung mit den Reformern die DDR als Beweis dafür anführten, dass der Sozialismus funktionieren und erfolgreich sein könne.

Durch die Teilung Deutschlands hatte sich das Verhältnis der Russen zu Deutschland geändert. Den einen Teil, die DDR, nannten sie in der Umgangssprache «unser Deutschland». Mit verärgerter Verwunderung reagierte die sowjetische Politik von Chruschtschow über Breschnew bis zu Gorbatschow, wenn Ulbricht oder Honecker in ihren innenpolitischen Absichten die DDR-Interessen höher zu stellen versuchten als die globalen Zielsetzungen der Weltmacht Sowjetunion. Dass die Entscheidungen letztlich immer in Moskau fielen, trug dazu bei, das Verhältnis zum realsozialistischen Deutschland zu entspannen und weniger wichtig und schicksalhaft erscheinen zu lassen.

Furcht und Hass, die im Krieg erzeugt worden waren, verblassten im Umgang mit der von der sowjetischen Macht geschaffenen DDR. Sie galt als ein Land, das der Sowjetunion weniger unfreundlich gegenüberstand als manches andere sozialistische Bruderland: Ein nützlicher Verbündeter im Weltkonflikt, dessen Wirtschaft vergleichsweise gut funktionierte und dessen Bevölkerung nicht mehr durch Aufsässigkeit gefährlich wurde. Auf eigenartige Weise trug das auch dazu bei, das Verhältnis zur Bundesrepublik Deutschland, die lange als bedrohlicher faschistischer Militärstaat dargestellt worden war, allmählich zu entspannen. In den Jahren der Stagnation, gegen Ende der Sowjetperiode und in der Phase des Umbruchs wuchs bei den Russen das Interesse an Deutschland als einem Wirtschaftswunderland, aber speziell auch bei den Intellektuellen als Brücke zu Europa und seiner politischen Kultur. Gerade jene russischen Schriftsteller, die als Dissidenten oder in den gerade noch geduldeten Bereichen des kulturellen Lebens das geistige Klima zu bestimmen begannen, entdeckten die Bundesrepublik als ein Land, das besonders viel Verständnis für russische Kultur bewies. Während die amerikanische Popkultur nun ins Leben der jungen Russen einbrach, schienen Beziehungen auf einer anderen, höheren Ebene das Verhältnis zu Deutschland zu bestimmen.

DER LANGE WEG ZU NEUEN BEZIEHUNGEN ZWISCHEN DEN LÄNDERN

Aber es hatte eines langen und schwierigen Anlaufs bedurft, bis sich zwanzig Jahre nach dem Kriege der Weg zu einer neuen, vernünftigen Beziehung zwischen der Bundesrepublik Deutschland und der Sowjetunion öffnete. Noch einmal zwanzig Jahre später, in den letzten Jahren der Amtszeit Gorbatschows, wurde es möglich, dass sowjetische Politiker über ein Ende der Teilung Deutschlands und Europas öffentlich nachdachten.

Parallel dazu setzte sich in Deutschland eine positive Erwartungshaltung gegenüber der Entwicklung Russlands unter Gorbatschow durch. Niemals hat es in der deutschen Geschichte eine ähnliche Begeisterung für einen Führer Russlands gegeben. Sie drückte sich nun in Bereitschaft aus, sein Land und dessen Menschen in der schwierigen Notzeit des wirtschaftlichen Zerfalls zu unterstützen. Hunderte von großen oder kleinen nicht-staatlichen Vereinigungen organisierten Hilfslieferungen und Patenschaften für russische Städte, Dörfer, Schulen und Altersheime. Die «Gorbimanie» der Menschen, die den letzten Generalsekretär der KPdSU in Deutschland feierten, hing nicht allein damit zusammen, dass er den Weg zur Einheit Europas und Deutschlands öffnete. Die Deutschen hofften auch, dass Russland nun auf dem Wege zu einem modernen, ordentlichen Land sei, am Beginn seines eigenen Wirtschaftswunders, das nicht mehr eine Bedrohung für die Nachbarn, sondern ein Partner sei.

Das Verhältnis zwischen Russen und Deutschen schien eine grundsätzliche Wende genommen zu haben, als in Russland freie Wahlen die Kommunistische Partei aus ihren letzten politischen

Machtpositionen verdrängten. Dann aber schlug die Stimmung in beiden Ländern im Laufe der 90er-Jahre wieder um. Der verworrene Prozess des Umbruchs in Russland ließ das Bild eines Landes wieder auferstehen, das ohne strenge Disziplinierung von oben nur in die Unordnung von Macht und Verteilungskämpfen aufbrechen konnte – ein unübersichtliches, unberechenbares Land, ein Volk, das verelendete, beherrscht von Mafia oder Geheimdienst oder von beiden zugleich, ungerecht gegenüber der Mehrheit seiner Bewohner, gefährlich für die Nachbarn, die sich aus dem sowjetrussischen Herrschaftsbereich gelöst hatten und nun jenseits ihrer Grenzen einen erpresserischen Riesen der Weltenergieversorgung zu sehen glaubten.

In Russland sank im ersten Jahrzehnt des neuen Jahrhunderts das Interesse an Deutschland und Europa in dem Maße, in dem das Land durch Erdgas, Erdöl und Bodenschätze wieder zu einer Weltmacht zu werden hoffte. Die neue Wirtschaftselite lernte dabei schnell, zwischen Wall Street und Côte d'Azur einen Lebensstil zu entwickeln, der den Europäern für das arme Russland durchaus unangemessen erschien. Die «neuen Russen» hatten ihre staunende Bewunderung für den Reichtum des Westens schnell überwunden. Für die anderen in Russland, die Intelligenz, den bürokratischen Mittelstand und die Masse der Bürger, schien es, als habe der Westen zu den Reformen nur die Idee der hemmungslosen Selbstbereicherung beigesteuert, die im Lande Ungerechtigkeit und im Verhältnis zum Rest der Welt Machtzerfall mit sich brachte. Russische Liberale und Reformsozialisten, wie auch ihre westlichen Berater, denen sie allzu optimistisch folgten, waren am Unmöglichen gescheitert, an der umsturzartigen Verwandlung eines Riesenreiches ohne die Traditionen einer Zivilgesellschaft in ein Land demokratisch zivilisierter Marktwirtschaft und westlicher Demokratie. Nach Kommunismus und Realsozialismus war im Laufe von wenigen Jahren auch diese Ideologie an der russischen Wirklichkeit zerrieben worden. Den Praktikern der Macht bot sich der Rückgriff auf ältere

Traditionen an: auf den russischen Patriotismus als geistige Stütze eines zentral geführten Staats.

Vier Mal in Russlands Geschichte waren auf mächtige Reiche Zeiten der Unordnung und des Zerfalls gefolgt. Anfang des 13. Jahrhunderts zerfiel die Kiewer Rus, der erste russische Staat, im Sturm der Mongolen und Tataren. Ihm folgte im 15. Jahrhundert das Moskauer Reich, das gegen 1600 in der «Zeit der Unordnung» unterging. 1613 kam die Dynastie der Romanows an die Macht, deren Herrschaft bis 1917 reichte. Aus Revolution, Bürgerkrieg und dem Zweiten Weltkrieg ging die Sowjetunion als größter und mächtigster Staat der russischen Geschichte hervor, der sich 1991 auflöste. Vier Mal hatte das russische Volk auf der Basis von Anarchie und Fremdherrschaft ein noch mächtigeres Reich errichtet. In einem glichen sich die Imperien: Gewaltenteilung, Meinungs- und Wirtschaftsfreiheit – die Ideale westlicher Demokratie – hatten den Charakter dieser Staaten nicht geprägt. Das Misstrauen gegenüber den Absichten der Nachbarn hat sich in Russland in der neuen, noch unklaren Situation zurückgemeldet, ebenso wie bei den Nachbarn – Deutschen und anderen – die Sorge vor dem, was aus Russland werden kann. Der Blick auf die Gegenwart wird dabei deutlich von den Einverständnissen und Missverständnissen der gemeinsamen Geschichte mitbestimmt. Es wäre gut, wenn Russen und Deutsche ihre gemeinsamen Erfahrungen und das, was sie übereinander denken, mit nüchternem, aber nicht lieblosem Blick beobachteten.

I

UNTER WIKINGERN UND TATAREN – DIE GEBURT DES ERSTEN RUSSISCHEN STAATS

Ungefähr zur gleichen Zeit, als in der Mitte Europas aus germanischen Stämmen Fürstentümer wurden und schließlich ein Reich, das man deutsch nannte, entstand am östlichen Rande Europas aus slawischen Stämmen, asiatischen Steppenvölkern, Wikingern und der Nachbarschaft mit dem hochentwickelten Konstantinopel die «Kiewer Rus», aus dem in Jahrhunderten das russische Reich entstehen sollte. Die ersten Herrscher stammten von Wikingern ab, deren Raub- und Kriegszüge sie die Wolga hinabgeführt hatten. Es war dennoch bereits eine slawisch geprägte Gemeinschaft, die Vorstufe eines russischen Staatsgebildes, das durch die Handelsbeziehungen zu Konstantinopel im Süden und über die Republik Nowgorod nach West- und Nordeuropa sowie durch die besiegten und integrierten Steppenvölker mitgeprägt wurde. Die politischen Beziehungen zu den westeuropäischen Herrschern sind in den ersten Jahrhunderten seiner Entwicklung kaum mehr als zeitlich beschränkte Zweckbündnisse, nicht selten dadurch gefestigt, dass Söhne und Töchter des Kiewer Fürstenhauses in die Familien wichtiger europäischer Adelsgeschlechter einheirateten.

Auf der Suche nach einer Staatsreligion, die die Völkerschaften ihres Reiches verbinden sollte, informierten sich die Kiewer Fürsten mit bemerkenswerter Nüchternheit über Islam, Judentum, westliche und östliche Christenheit. Die Fürstin Olga, die sich in Konstantinopel hatte taufen lassen, bat den Kaiser des Heiligen Römischen Reiches Deutscher Nation, Otto I., Missionare nach Kiew zu senden, die freilich nur geringe Spuren hinterließen. Es war die östliche Kirche, deren Nähe und Macht über die Einflüsse aus dem katholischen Westen siegte. Olgas Enkel Wladimir, den man später «den Heiligen» nannte, entschied sich für Konstantinopel und gegen Rom. «Wir wussten nicht, ob wir im Himmel oder auf Erden waren, größeren Glanz als diesen kann man auf Erden unmöglich finden», hatte seine Gesandtschaft nach einem Gottesdienst in der Hagia Sophia, der größten Kirche der Christenheit, berichtet. Aber aus der Nähe Konstantinopels ergaben sich auch strategische Gründe dafür, den Anschluss an die Hauptmacht der Ostkirche zu suchen. Diese Entscheidung wurde in früher Zeit zur Grundlage jener geistigen und politischen Trennungslinie, die sich in Europa bis heute erhalten hat.

Großfürstin Olga von Kiew wird in Konstantinopel empfangen, Fresko aus der Kiewer Sophienkathedrale

FRÜHE VERBINDUNGEN

Von solchen Grenzen und Verbindungen wussten die Völker fast nichts. Aber an den Höfen der Rus erwuchs der Wunsch, mächtige Verbündete im Kampf um die Unabhängigkeit von Byzanz oder gegen die Bedrohung durch die polnischen und schwedischen Nachbarn im Westen und Norden zu gewinnen. Kaiser, Könige und Fürsten im mittleren Westeuropa hatten von ihren Gesandtschaften genug erfahren, um Verbindungen zu suchen, die in Auseinandersetzungen mit den näheren Nachbarn nützlich sein konnten. Tatsächlich waren die Beziehungen im Mittelalter so intensiv wie später bis zum 18. Jahrhundert nicht wieder. Trotz langer, gefährlicher und unbequemer Reisewege suchte der Großfürst Jaroslaw Ehepartner für seine Kinder im weit entfernten Westen. Er verheiratete in der ersten Hälfte des 11. Jahrhunderts drei seiner Söhne mit den Töchtern deutscher Fürsten und mächtiger Adligen. Eine Tochter des Kiewer Hofs wurde sogar im hohen Norden Deutschlands mit dem Grafen von Dithmarschen vermählt. Jaroslaw der Weise schickte im Jahre 1043 eine Gesandtschaft zu Heinrich III., dem verwitweten deutschen Kaiser, um ihm die Verbindung mit einer seiner Töchter anzutragen. Aber der fand es wichtiger, die Beziehungen nach Westen auszubauen, und heiratete Agnes de Poitou. Die Herrscher von Kiew aber behielten den Kaiser des Heiligen Römischen Reiches als Bündnispartner im Auge. Als der jüngere Sohn des Fürsten Jaroslaw, Isjaslaw, aus Kiew vor seinen Brüdern nach Westen floh, begab er sich in den Schutz des deutschen Kaisers Heinrich IV. Er kam nicht als armer Bittsteller: «Er überbrachte unermessliche Schätze: goldene und silberne Gefäße und sehr kostbare Stoffe», berichtet ein zeitgenössischer Chronist. Der Kaiser schickte eine Gesandtschaft nach Kiew, geleitet vom Propst von Trier, der wiederum mit einer Schwester der Kiewer Herrschersöhne verheiratet war. Als der Trierer Dompropst mit seinem Gefolge zurückkehrte, brachte auch er dem Kaiser nach dem Chronistenbericht «eine solche Menge Gold, Silber und kostbare Stoffe, wie seit Menschengedenken niemals als Geschenke ins Deutsche Reich gebracht worden waren». Die reichen Geschenke aus dem Osten kamen in einem wichtigen Augenblick: Die Soldaten des Königs forderten ihren Lohn, und die Schatzkammer war leer. Für den Herrscher in Kiew brachten die Geschenke nichts: Der deutsche Herrscher hatte gar nicht die Möglichkeit, in ein so fernes Land einzufallen.

Aus heutiger Sicht ist schwer zu verstehen, wie wichtig die Beziehungen über große Entfernungen und fremde Länder hinweg trotz der langen und gefährlichen Reisewege in jener Zeit waren. Eine dynastische Koalitions- und Heiratspolitik mit Russland hat es in solcher Intensität in den nächsten fünfhundert Jahren nicht wieder gegeben. Junge Prinzen und Prinzessinnen wurden an Männer und Frauen verheiratet, die sie überhaupt nicht kannten oder verstanden, in Länder, von denen sie wenig wussten, deren Sprache und Lebensstil ihnen fremd waren. Nicht immer waren solche Verbindungen glücklich und stärkten die Beziehungen zwischen den Herrscherhäusern.

EINE KIEWER PRINZESSIN IN EINEM ZERSTRITTENEN LAND

So soll nach den Chronistenberichten auch Prinzessin Praxedis Ende des 11. Jahrhunderts von Kiew nach Norddeutschland gekommen sein, eine Tochter des Großfürsten Wsewolod und der Anna von Polowzen aus einem der mit den Kiewern verbündeten Stämme der südwestlichen Ebene. Praxedis war ihr griechischer, Jewspraksija ihr slawischer Name, und erzogen war sie im Stil des eleganten, hoch zivilisierten Hofs von Byzanz. Eine reiche junge Frau zog mit Kamelen der östlichen Steppe und Reichtümern des Oströmischen Reiches durch Osteuropa und durch Deutschland bis an den Rand der Nordsee nach Stade. Keine Chronik meldet, wie sie sich mit den mitgebrachten Kostbarkeiten und reichen Gewändern ihr Leben in der kalten deutschen Provinz einrichtete. Ihr Mann, der Graf von Stade, starb bald nach der Hochzeit. Nun wollte der deutsche Kaiser Heinrich IV. die Witwe des Grafen, die im Reichtum aufgewachsene schöne Fürstentochter, heiraten, die in Deutschland Adelheid von Kiew genannt wurde.

Das Land, in dem sie nun lebte, war kaum ruhiger als das Kiewer Reich, aus dem sie gekommen war. Heinrich IV. musste sich gegen Verschwörungen von Reichsfürsten und Bischöfen verteidigen, lag ständig im Streit mit dem Papst in Rom und wurde zu einer Pilgerfahrt nach Canossa gezwungen, um sich dem kirchlichen Herrscher zu unterwerfen. Mit Unterstützung der Kirche wurde ein Gegenkönig gewählt, Heere marschierten gegeneinander auf, die Sachsen und Schwaben wählten einen neuen Gegenkönig. Überall in Deutschland kämpften verfeindete Fürstenhäuser miteinander und verwüsteten die Städte und Ländereien des Gegners. Söhne fielen vom Vater ab und verbündeten sich gegen ihn. Die Meldungen von den Intrigen an den östlichen Höfen in und um Kiew klangen vermutlich für die Ohren deutscher Zeitgenossen nicht schrecklicher als das, was sich in Deutschland abspielte.

Die Verbindung des deutschen Kaisers mit der Fürstentochter aus Kiew war, wie aus allen zeitgenössischen Berichten hervorgeht, eine einzige Katastrophe. Nach zeitgenössischen Berichten bezichtigte Heinrich IV. seine Frau der Untreue, weil die Prinzessin aus Kiew, die nun deutsche Kaiserin war, ihren Stiefsohn Konrad verführt habe. Vom Kaiser in Verona gefangen gesetzt, floh sie 1094 zu einer italienischen Fürstin und verbreitete ihre Gegenversion: Der Kaisersohn Konrad sei von seinem Vater gezwungen worden, sie zu vergewaltigen.

Dreimal zuvor hatte der Papst im Machtkampf mit dem Kaiser den Kirchenbann über ihn verhängt. Nun ließ er die Skandalgeschichte über die ganze katholische Welt verbreiten und begründete damit die erneute Verhängung eines Kirchenbanns. Nur für Adelheid, die sich wieder Praxedis oder Eupraxia nannte, fand der Skandal ein gutes Ende: in einem Höhlenkloster in Kiew. Dieser erste und allzu intime Kontakt zwischen dem deutschen und dem Kiewer Herrscherhaus war alles andere als ein Erfolg.

BARBARISCHE SITTEN, REICHTUM UND MACHT

Die wenigen Beschreibungen, die deutsche Zeitgenossen über die «Russenkönige» und ihr Reich hinterließen, schwanken zwischen negativen Urteilen über barbarische Sitten und beeindruckten Berichten über Macht und Reichtum der Kiewer Herrscher. Die Glaubensspaltung zwischen Rom und Byzanz hatte auch die geistige Distanz zu Kiew vergrößert. Wirksame strategische Allianzen zwischen dem in inneren Kämpfen zerrissenen Deutschen Reich und der Kiewer Rus kamen nicht zustande.

Das Wenige, was die Deutschen über die Russen und die Russen über die Deutschen in Chroniken und Berichten lasen, war überwiegend neutral und oft informativ. Eher gab es Kritik an den slawischen Völkern, die zwischen den Grenzen Deutschlands und der Rus lebten. Diese unmittelbaren slawischen Nachbarn der Deutschen wurden häufiger als die entfernteren Kiewer als grausame Barbaren dargestellt. Zweifel blieben bei den Chronisten aber doch. Selbst wenn der «Russenkönig» auch den christlichen Glauben angenommen habe, so sei er doch ein maßloser und grausamer Wüstling, der diesen Glauben nicht mit Werken der Gerechtigkeit verherrliche, schrieb Bischof Thietmar von Merseburg. Angesichts der Verhältnisse, unter denen der Bischof in Deutschland lebte, scheint dieser Vorwurf vergleichsweise ungerecht. Das Deutsche Reich war zum Schlachtfeld ehrgeiziger Fürsten und Bischöfe geworden. Auch das Kiewer Reich war zu gleicher Zeit durch Machtkämpfe zersplittert. Wladimir der Heilige hatte seine Slawen durch die Massentaufe in die orthodoxe christliche Kirche von Byzanz geführt, wie einst Karl der Große die Sachsen mit dem Schwert getauft hatte. Er hatte für einige Jahrzehnte Ordnung geschaffen und die Herrschaft über alle ostslawischen Stämme und viele ihrer Nachbarn ausdehnen können. Der Zusammenschluss der Slawen und die geistige Herrschaft des orthodoxen Byzanz schufen eine mehrere Jahrzehnte dauernde erste Blüte der slawischen Kultur und ermöglichten die Ausdehnung des Reiches nach Osten zur

Wolga und zum Ural und im Westen bis nach Polen. Mit dem Niedergang des Byzantinischen Reiches begannen auch in Kiew Macht und Reichtum zu verfallen. Die Macht verschob sich nach Norden und Osten. Fürst Wladimir Monomach, Sohn einer byzantinischen Prinzessin, befestigte seine Herrschaft mit dem Bau einer Festung und Hauptstadt bei der alten slawischen Ansiedlung Wladimir, deren Baumeister – Zeichen des immer noch bestehenden Netzes der Ost-West-Beziehungen – ein Deutscher gewesen sein soll. Wladimir Monomach war ein kämpferischer Herrscher, dessen Denken keineswegs byzantinischen oder lateinischen Vorbildern folgte, sondern wesentliche Charakterzüge des russischen Denkens erkennen lässt. Sein politisches und geistliches Testament, die 1117 verfasste «Belehrung», ist eines der frühen Werke der slawischen Literatur, in dem Gläubigkeit und Lebenserfahrung auf eine für seine Zeit ungewöhnliche Weise verbunden sind: ein Russe, der tiefe Frömmigkeit mit Sinn für Macht vereinigte. Seine Reichshauptstadt Kiew aber verlor als Herrschaftssitz Macht und Ansehen, und schließlich machte Fürst Jurij Dolgoruki im Nordosten eine kleine Handelsstadt zu seiner neuen Hauptstadt, Moskau. Aber ehe daraus die Hauptstadt eines russischen Reiches werden konnte, die sich als das Dritte Rom, als Nachfolgerin Konstantinopels fühlte, mussten die Erben des Wikingers Rurik die Herrschaft der Mongolen- und Tatarenkhane ertragen.

MONGOLENSTURM UND NEUE HERRSCHER

Die Abkömmlinge des Wikingerführers Rurik und das Imperium des Rus, dessen Macht viele Völker überspannte, konnten sich gegen den Ansturm der Mongolen unter einem Enkel Dschingis Khans nicht behaupten. Im Norden und Nordwesten gelang es, die Armeen der Schweden und der deutschen Ordensritter vernichtend zu schlagen, aber von Süden her überzog das Heer der Mongolen und Tataren die Fürstentümer der Kiewer Rus mit einem grausamen Eroberungskrieg. 1240 fiel Kiew selbst. Die Fürsten wurden hingerichtet oder unter der Folter zur Unterwerfung gezwungen. Aber das Leben der einfachen Russen veränderte sich unter den neuen Herrschern nicht grundsätzlich. Nur wenige politische Institutionen wurden dem Lande von den mongolischen und tatarischen Herrschern aufgezwungen, und selbst die orthodoxe Kirche wurde unter der Herrschaft der Tataren nicht unterdrückt. Es entwickelte sich eine slawisch geprägte Gemeinschaft, die keinen selbstständigen slawischen und orthodoxen Herrscher hatte und sich doch keineswegs im Tataren- und Mongolenreich auflöste. Die enge Verbindung zu Konstantinopel verfiel mit dem Machtverlust von Byzanz. Mit Deutschland blieben wirtschaftliche Kontakte, etwa durch den schnell anwachsenden Pelzhandel, erhalten. Doch für die nächsten Jahrhunderte starben die politischen wie die kulturellen Kontakte fast völlig. Die Entfremdung zwischen dem russischen und dem deutschen Reich, zwischen östlicher und westlicher Kultur und Religion, hatte begonnen.

Zugleich drohte der Rus aus dem Nordwesten neue Gefahr: Ein schwedisches Heer drang bis zum Newa-Fluss vor, und die Ritter des Deutschen Ordens rückten aus Livland und Estland heran und bedrohten die Stadt Nowgorod. Dieses Nowgorod war eine Stadt eigener Art, fast eine Republik. Der Rat der Ältesten, den es in manchen russischen Städten gegeben hatte, hatte sich nicht von Fürsten entmachten lassen. Während Kiew, die Hauptstadt des Rus, immer mehr an Bedeutung verlor, stieg Nowgorod zu einer starken und stolzen Stadt auf. Die 200 deutschen Kaufleute, die über das Handelskontor im St. Peter Hof, dem Zentrum der Hanse, nun Salz und Tuche gegen Honig und Pelze tauschten, hatten aus der Verbindung wachsenden Reichtum erworben. Sie hielten sich aus allen kriegerischen Verwicklungen heraus – auch als der Deutsche Orden die Stadt zeitweilig eroberte und später, als eine Reihe von ihnen als Geiseln genommen wurden, um die deutschen Ritter von einer Unterstützung der Schweden abzuhalten.

Der Fürst, den die Stadt sich 1236 wählte, war ein starker und kluger Mann. Das weite Land schöpfte Mut, als die Nachrichten kamen, dass Fürst Alexander von Nowgorod die deutschen Ritter auf dem Eis des Peipus-Sees vernichtet, die Schweden besiegt und die litauischen Feinde zurückgeschlagen hatte. Alexander trug von nun an, nach dem Sieg am Newa-Fluss, den Beinamen Newski, der seitdem bis in die jüngste russische Geschichte immer wieder angerufen wurde, wenn Russland in Gefahr war, von einem Feind unterworfen zu werden. Aber den Siegeszug der Mongolen konnte auch Fürst Alexander nicht aufhalten. Er vermochte nur durch eine kluge Politik der Zugeständnisse und den Verzicht auf aktiven Widerstand Zeit zu gewinnen, damit das durch die vielen Kriege und Zusammenstöße geschwächte Land sich erholen konnte. Er musste sich tief demütigen, als die stolzen Bürger von Nowgorod sich weigerten, den Mongolen und Tataren Tribut zu zahlen. Damals führte Alexander Newski die Feinde selber in die Stadt und lieferte sie ihnen aus – um der Stadt die Brandschatzung zu ersparen und das Land vor der Vernichtung zu bewahren.

Für den Mongolen-Khan traten bald die verbündeten Tataren als Kriegsherren in Russland an, die die alltäglichen Kriegszüge im russischen Gebiet als Stellvertreter der Mongolen führten. Sie eroberten und plünderten fast alle größeren Städte. Die Tataren kontrollierten das Land und machten die russischen Fürsten zu ihren Verwaltern und Steuereinnehmern.

Die Beamten des Khans überwachten die Fürsten, aber einem von ihnen räumten sie eine besondere Stellung ein: Alexander Newski, Fürst von Nowgorod, wurde Großfürst von Susdal und oberster Steuereinnehmer vor allen anderen Fürsten. Dies gab ihm die Macht, seine Ansprüche gegenüber allen anderen durchzusetzen. So hatten die Tataren den Anstoß für eine Einigung des zerrissenen und zu Boden getretenen Russland gegeben. Letztlich waren sie es, die das System begründeten, das Russland aus der fürstlichen Zerrissenheit zu wachsender Einheit führte und einer oft despotischen Machtausübung unterwarf.

MOSKAU: DAS NEUE ZENTRUM

Die orthodoxe Kirche hatte den Tatarensturm überstanden, ja sie hatte ihre Rolle als zivilisierende und mitregierende Kraft ausbauen können. Die mongolischen und tatarischen Herrscher hatten sich kaum in die religiösen Angelegenheiten der eroberten Länder eingemischt. Tatsächlich hatte der Khan bald nach der Eroberung des Landes die orthodoxe Kirche als eine Art Staatskirche bestätigt. Wenn der Tataren-Khan den russischen Fürsten in seiner Hauptstadt Sarai seine Anweisungen gab, zogen auch die Metropoliten aus ihren Bistümern dorthin, um ihr Wort in Glaubens-, aber mehr noch in Machtfragen einbringen zu können.

Der junge Neffe Alexander Newskis, Daniel, hatte aus seinem Erbteil Moskau – einem Ort ungefähr mit der Ausdehnung des heutigen Kremls – etwas gemacht. Er hatte begonnen, sein winziges Ländchen zu vergrößern, indem er durch geschickte Verhandlungen kleine Adelsbesitzungen und Teilfürstentümer aufkaufte. Sein Sohn Iwan I. hatte genug Geld, um beim Tataren-Khan den Titel des Großfürsten von Susdal für die Familie zurückzukaufen. Noch wichtiger war die Aufgabe, die ihm der Khan zuteilte: Er hatte die Besteuerung für ganz Russland zu organisieren, und die großen Summen, die eingenommen wurden, flossen deshalb zunächst nach Moskau. Es blieb genug in der Stadt hängen, um Iwan I. den Beinamen «Kalita», Geldsack, einzutragen. Die Obersten der orthodoxen Kirche erkannten sehr bald, dass in der alten Hauptstadt Kiew nur scheinbar der Sitz der Macht war, während sich die Gewichte nach Moskau verschoben hatten. Metropolit Peter verlegte seinen Amtssitz von Kiew nach Moskau, wo der Geldsack Iwan dem Kirchenfürsten den Aufbau eines geistlichen Zentrums finanzierte. Nicht nur der Kreml, der Sitz des Großfürsten, wurde ausgebaut, auch neue Kirchen und Kathedralen entstanden, Klöster entwickelten sich zu Vorposten der religiösen und politischen Macht Moskaus, und die russische Kunst erlebte ihre erste Blütezeit mit großen Ikonen-Malern wie Andrej Rubljow.

Moskau verwandelte sich aus einem winzigen Fürstentum in einen Macht- und Wirtschaftsmittelpunkt. Immer noch aber war es weit davon entfernt, eine große europäische Macht mit eigener Entscheidungsgewalt über seine Zukunft zu sein.

KAMPF GEGEN DIE TATARENHERRSCHAFT

Machtkämpfe unter den tatarischen und mongolischen Führern in Sarai hatten ihre Herrschaft geschwächt. Fürst Dimitrij von Moskau konnte die meisten russischen Fürsten für den offenen Kampf gegen die fremde Vorherrschaft, das «mongolisch-tatarische Joch», gewinnen. Im Jahre 1380 standen sich auf dem «Schnepfenfeld» am Fluss Don die Heere des Dimitrij und des Khan Mamai, des Führers der Goldenen Horde, gegenüber. Es war eine gewaltige und blutige Schlacht mit vielen Toten auf beiden Seiten, in der das Reiterheer der Tataren-Khane von Sarai auseinandergetrieben wurde. Aber dann griff Timur Leng, der Herrscher der Mongolen, ein und trieb den Fürsten Dimitrij in die Flucht. Die Tataren eroberten und verwüsteten Moskau, und Dimitrij Donskoj unterwarf sich dem Khan, so wie sein Vorfahre Alexander Newski sich der Goldenen Horde unterworfen hatte, als er ihr die Tore der Stadt Nowgorod öffnete. Beide hatten den Kampf mit den Tataren und Mongolen nicht als die strahlenden Helden gewonnen, als die sie in der russischen Geschichte bis zum heutigen Tage gefeiert werden.

Als das Reich des großen Khans in einzelne Khanate zerfiel, die in der Mitte des 15. Jahrhunderts unter russische oder osmanische Herrschaft gerieten, schloss der Großfürst von Moskau, Wassilij II., immer mehr kleine Fürstentümer seinem Herrschaftsgebiet an und stärkte Moskaus Ansehen und Macht, indem er es zum Zentrum und schließlich zum Herrschaftssitz der orthodoxen Kirche werden ließ.

Konstantinopel war nach einem Raubzug der Kreuzritter zerstört zurückgeblieben. Das zerschlagene Oströmische Reich versuchte noch einmal durch einen Kirchenvertrag mit dem Papst die

Unterstützung des Weströmischen Reiches zu gewinnen. Aber in Russland waren die orthodoxe Geistlichkeit und auch die russischen Gläubigen nun erst recht davon überzeugt, dass Konstantinopel nicht mehr der Hort des Christentums, sondern vom wahren Glauben abgefallen sei. So erwuchs aus dem gemeinsamen Interesse der fürstlichen und der geistlichen Macht das zweite russische Imperium, das moskowitische Reich.

ENTSTEHUNG DES MOSKOWITISCHEN REICHS

Von nun an gelang es Iwan III., das Gebiet des Fürstentums Moskau immer weiter auszudehnen. Ende des 15. Jahrhunderts baute er die militärische Macht und die Staatsfinanzen klug aus und führte eine Art Lehnsystem ein, das Stellung und Besitz mit dem Dienst für den Fürsten verband. Iwan III., den die russische Geschichte Iwan den Großen nennt, hat die Grundfesten des Moskauer Imperiums gelegt und gesichert, die Reste des Kiewer Reiches zusammengeschlossen und das Imperium nach Osten zum Ural, nach Süden an die Grenze des Osmanischen Reichs, im Westen nach Polen und im Norden an die Ostsee-Besitztümer der Schweden ausgedehnt. Mit anderen Höfen Europas entwickelte er die Ansätze zu einem Netz auswärtiger Beziehungen – mit dem osmanischen Hof, der Konstantinopels Macht zerstört hatte, mit dem Heiligen Römischen Reich und seinen deutschen Fürsten, mit Venedig, Ungarn oder Dänemark. Weder in Moskau noch in den anderen Ländern hatte man eine genaue Kenntnis voneinander. Die erste und wichtigste Frage war gewöhnlich, ob die Söhne und Töchter eines anderen Hofes für eine dynastische Verbindung in Frage kämen. Gesandtschaften aus dem Westen versuchten, die im Osten neu entstehende Macht für ihre Ziele einzuspannen. Kaiser Maximilian war bemüht, das Großfürstentum Moskau gegen den König von Ungarn zu Hilfe zu rufen. Auch ein Bündnis gegen den gemeinsamen Nachbarn, das polnisch-litauische Reich, war für den deutschen Kaiser wie für den Moskauer Großfürsten ein wichtiges außenpolitisches Projekt.

Zugleich ließ der Kaiser durch seinen Gesandten Nikolaus Poppel in Moskau oder Warschau Informationen über Bedeutung und Stärke der fremden Länder einholen. So kam er zu dem Schluss, der Moskauer Großfürst, der sich den schwer übersetzbaren Titel «Zar» zugelegt hatte, sei mächtiger als der König von Polen. Schon deshalb erweckte Poppels Anfrage, ob Iwan III. den Wunsch habe, aus der Hand Kaiser Friedrichs eine Königskrone anzunehmen, am Moskauer Hof eher Verärgerung als Dankbarkeit. Eine russische Gesandtschaft beantwortete die Fragen des deutschen Kaisers: Moskau sei das neue Konstantinopel, Iwan III. der «neue Konstantin» und als Zar dem Kaiser gleichgestellt. So komme auch eine Heirat mit Fürsten niederen Ranges, Grafen oder Herzögen des Deutschen Reiches nicht in Frage. Nur der verwitwete Sohn des Kaisers sei ein angemessener Gemahl für eine Tochter des Moskauer Großfürsten. Ein Angebot des Papstes kam den Vorstellungen des Moskauer Herrschers eher entgegen: Er schlug Iwan III. die Heirat mit einer Nichte des letzten Kaisers von Konstantinopel vor. Diese traf mit einer reichen Mitgift in Moskau ein und heiratete Iwan nach orthodoxem Ritus. Er übernahm den Doppeladler von Byzanz in sein Wappen und Siegel und damit den Anspruch, dass Moskau das «Dritte Rom» sei, der Hort des wahren Christentums.

IWAN DER SCHRECKLICHE

1547 wurde im Kreml der 16-jährige Iwan IV. mit der Kappe des Wladimir Monomach gekrönt, einer Art Krone aus Gold, Diamanten und Zobelfell, die ein Sohn des byzantinischen Kaisers Konstantin getragen haben soll, als er vierhundert Jahre zuvor Großfürst von Kiew geworden war. Iwan wurde nun mit dem Segen des Patriarchen von Konstantinopel der erste «Zar ganz Russlands» und der erste Alleinherrscher Russlands, der das ganze Land, von den Bauern bis zu den Fürsten, seiner absoluten Macht unterwarf. Er schaltete alle möglichen Gegner auf brutale Weise aus, schuf für neugewonnene Gebiete am Kaukasus, an der Ostsee und in Sibirien ein russisches, zentralistisches Verwaltungssystem, ordnete die orthodoxe Kirche in das Staatsgebäude unter dem Selbstherrscher ein. Seine Politik setzte im richtigen Augenblick an, Machtgewinn wie Aufschwung waren enorm: Die erste Druckerei in Moskau entstand, ein kodifiziertes Gesetzbuch, eine modernisierte Armee, ein durchorganisiertes Lehns-System und systematische Steuerzahlungen ergänzten die Staatsverwaltung. Zar Iwan versuchte, ausländische Handwerker in großer Zahl nach Russland zu holen, auch wenn er dabei auf den Widerstand der ausländischen Handelsleute stieß, die schon in russischen Städten angesiedelt waren. 1547 warb sein Agent Hans Schlitte in Deutschland eine Handwerkermannschaft an, aber als sie sich in Lübeck einschiffen wollten, wurden sie auf Drängen der hanseatischen Kaufleute verhaftet. Die deutschen Kaufleute wollten nicht über Iwans neu erbauten Hafen an der Narwa Handel treiben, sondern lieber mit den baltischen Ostseehäfen der Hanse. Polen und Livland fürchteten die Modernisierung des russischen Schiffbaus und die Macht einer russischen Ostseeflotte.

Aber auch nach dem Ende der Tataren-Macht eröffneten sich neue Spannungsfelder. Immer wieder tauchten von Süden die Kriegerscharen auf. Die Krimtataren verwüsteten sogar die Hauptstadt Moskau. Aber schließlich gelang es, die Armeen des Tataren-Khans von Kasan vernichtend zu schlagen und die Khanate südlich bis zum Kaspischen Meer dem Moskauer Reich einzuverleiben. Doch im Norden zog sich der Livländische Krieg hin. Schweden, Polen und die Hanse blockierten Russlands Häfen. Aus Polen und Litauen brachen Heere über die Grenzen ein. Militärisch und wirtschaftlich verschlechterte sich die Lage in Russland, das Volk litt unter Epidemien, Teuerung und Hungersnot. Die Kosten seiner Eroberungskriege musste der Zar bei Adel, Bürgern und Bauern eintreiben. Ganze Dörfer und Kleinstädte waren menschenleer, weil ihre Bewohner vor Zar Iwans Geldeintreibern geflohen waren. Der Dienstadel, der von der Arbeit der Bauern lebte, verarmte. Nun sollten strengere Gesetze die Bauern zwingen, trotz Hunger und Elend auf den Feldern der Gutsherren zu bleiben. Es war der Anfang des Systems der Leibeigenschaft, das die Entwicklung der ganzen russischen Gesellschaft über 300 Jahre lang prägen sollte.

Der höhere Adel, die Bojaren, verteidigten ihre Rechte und Privilegien gegen den Zaren, der seine Macht durch einen zentralistischen Staat zu sichern versuchte. Iwan beschloss, den Widerstand der Bojaren mit allen Mitteln zu brechen. Seine grausame Härte trug ihm den Beinamen «Der Schreckliche» ein. Von nun an sollte nur noch ein Teil des Landes vom Bojarenrat gemeinsam mit dem Zaren regiert werden, während ein anderer Teil nur ihm selbst unterstellt war.

Zar Iwan hatte zunächst Regimenter von Berufssoldaten, sogenannte Schützen, aufgestellt, die ihn vom Heer der Bojaren unabhängig machten. Nun verfügte er auch über ein Territorium, auf dem die Bojaren keinen Einfluss hatten. Er verlieh Pfründen und Privilegien an die Offiziere seiner Regimenter und an ergebene Männer aus niederem Adel und baute die ihm bedingungslos ergebene Schreckensgarde der Opritschniki auf. Sie waren mehr als die übliche, einem Fürsten verpflichtete Leibgarde. Gekleidet in schwarze Mönchskutten und mit schwarzen Hüten ritten sie auf schwarzen Pferden über Land. Ihre Abzeichen waren ein Hundekopf und ein Besen – das Versprechen, die Feinde des Zaren zu zerfleischen und aus dem Lande zu fegen. Die Opritschniki waren wie ein Orden, der nicht den Gesetzen des Staats unterworfen und nur dem Zaren absolut ergeben war. Mit ihrer ungezügelten Grausamkeit waren sie Werkzeuge der Terrorherrschaft eines krankhaft misstrauischen, vor nichts zurückschreckenden Herrschers. Sie unterwarfen ihm die Kirche, indem sie hohe Geistliche aus dem Amt drängten und ermordeten. Sie brachen 1570 über die Hansestadt Nowgorod herein, plünderten sie und schlachteten 30 000 Bürger ab. Die Stadt, die einmal eine freie Republik gewesen war, wurde mit Gewalt unterworfen. Eine unbewiesene Denunzia-

Iwan der Schreckliche ermordet seinen Sohn, Gemälde von Ilja Repin

tion genügte, etwa über einen angeblichen Aufstandsplan, und Tausende seiner Bürger starben unter schrecklichen Qualen. In der Stadt Twer nördlich von Moskau wiederholte sich das Massaker. In Moskau warf der Zar 300 Bürgern und Bojaren Hochverrat vor und ließ sie auf dem Roten Platz zusammentreiben. 180 begnadigte er, die übrigen ließ er in stundenlanger Folter umbringen – vor den Augen ihrer weinenden Frauen und Kinder, die Iwan dann ebenfalls seinen Folterknechten übergab.

Die mörderische Truppe der Opritschniki schlachtete ganze Adelsfamilien samt Dienern und Bauernschaft ab, wenn sie Ungehorsam oder Auflehnung vermuteten. Insofern entsprach der Kampf des Zaren gegen die Adelsmacht durchaus den Auseinandersetzungen, die sich zwischen Königen und Aristokratie im Zeitalter des Absolutismus auch in den westeuropäischen Königreichen abspielten. Aber diese ersten «Säuberungen» der russischen Geschichte waren nicht nur eine Folge des Machtkampfs, sondern geprägt durch die zu unkontrollierten, vielleicht wahnsinnigen Ausbrüchen neigende Persönlichkeit des Zaren. Eines Morgens traf Iwan seine schwangere Schwiegertochter und fand, sie sei zu leicht, zu wenig anständig gekleidet. Er fiel mit Schlägen über sie her, und als sein Lieblingssohn seine Frau vor dem Vater schützen wollte, schlug Iwan der Schreckliche dem Sohn seinen Stock über den Kopf und traf ihn an der Schläfe. Der junge Iwan stürzte zu Boden und starb. Ein berühmtes Gemälde dramatisierte später die Erinnerung an die Untat des Zaren.

Die deutschen und polnischen Herrscher waren beunruhigt über das, was sich in Russland vollzog. Sie förderten die Verbreitung von Schreckensmeldungen über die Untaten des Zaren, über Gräueltaten der russischen Armee, die Verfolgung von Widersachern, die Pfählung von jungen Mädchen und alten Leuten. Der sieben Mal verheiratete Zar war eine bizarre Figur, unverständlich für die Herrscher in Westeuropa. In deren Ländern waren Morde und gewalttätige Verschwörungsaktionen inzwischen nicht mehr so gewöhnlich, und die Gerüchte aus dem entfernten Osten ließen ein Bild moskowitischer unberechenbarer Grausamkeit entstehen, das jahrhundertelang nachwirkte. Aber die gemeinsame Feindschaft gegen das Osmanische Reich führte auch dazu, dass die russischen Beziehungen zu Österreich und den Habsburgern immer wieder eng und freundlich wurden, besonders dann, wenn die österreichische Politik Russlands Unterstützung in Eroberungsfeldzügen gegen Polen suchte.

ZAR BORIS GODUNOW

Iwans ältester Sohn Fjodor stand bei dem Volk in dem Ruf, ein frommer, aber geistesschwacher Herrscher zu sein. Seine sichtbare Frömmigkeit auf dem Thron förderte die Glaubwürdigkeit, die nun nach schrecklichen Jahren wieder Ruhe, Sicherheit und wachsenden Wohlstand versprach. Eine kleine Gruppe erfahrener Bojaren, die dem schrecklichen Iwan als Minister gedient hatten, bildete eine erfahrene Regierungsmannschaft. An der mittleren und unteren Wolga entstanden neue Städte um die Befestigungen, mit denen das Reich seinen Herrschaftsanspruch im Süden absicherte. Russland, also das Territorium des von Moskau aus beherrschten russischen Staats, war in diesen Jahren um das Zehnfache gewachsen. Auf seinem Boden lebten Russen, Ukrainer, Bjelo-Russen, Karelier, Tataren und ein gutes Dutzend verschiedener Volksgruppen und Stämme im Vorland des Kaukasus und des Urals, ja sogar bis weit nach Sibirien hinein, wo neue Festungen, Handelsplätze und zukünftige Städte gegründet wurden. Gestützt auf die Pelztierjagd und den einträglichen Pelzhandel mit dem Westen, war dies die Ausdehnung eines Kolonialreiches unter Herrschaft der russischen Zaren. Aber es bezog die Oberschicht der unterworfenen Volksgruppen und Stämme in den Aufbau der russischen Adelsgesellschaft ein und milderte damit in vielen eroberten Ländereien den Eindruck russischer Fremdherrschaft. Die Brüder Godunow, die starken Männer in der Führungsriege unter Zar Fjodor, stammten selbst aus einem der vielen Tataren-Geschlechter, die einst in den Dienst des Großfürsten von Moskau getreten waren. Als Zar Fjodor im Jahre 1598 starb, war er der Letzte aus dem Geschlecht des sagenhaften Wikingerfürsten Rurik, dessen Nachkommen seit dem 9. Jahrhundert über das Kiewer und das Moskauer Reich geherrscht hatten. Dass mit Boris Godunow nun ein Adeliger tatarischer Herkunft die Zobelkrone trug, die der Legende nach vom oströmischen Kaiser in Byzanz den Kiewer Fürsten verliehen worden war und die ihn, wie zuvor Iwan den Schrecklichen, zum Zaren von Russland machte, rief keine Krise und keine Beunruhigung hervor.

Wichtiger für die Zukunft des russischen Reiches war, dass Zar Boris die Kirche stärkte und den Metropoliten von Moskau, der zunächst dem Patriarchen von Konstantinopel unterstanden hatte, zu einem selbstständigen Kirchenoberhaupt machte. Er vollzog die endgültige Trennung von den Resten des byzantinischen Kaiserreichs. Im Osten schlossen die neuen Grenzen große Teile West-Sibiriens und der Steppen Zentralasiens ein. Im Westen war die Grenze zu Polen durch starke Festungen gesichert. Zar Boris hatte als Provinzchef große Ländereien an der Wolga, am Kaspischen Meer und in Sibirien kennen gelernt. Er wusste, wie die Steuerverwaltung und das Schatzamt funktionierten und welche Schätze die kaum erschlossenen Ländereien im Osten bargen. Nach den Schrecken und Verwüstungen in den letzten Lebensjahren Iwans IV. konnte das Land aufatmen, weil der Zar es von sachverständigen Ministern regieren ließ.

Um die gesellschaftlichen Grundlagen des Reiches zu festigen, trieb Boris Godunow nun härter die Politik voran, mit der Iwan IV. begonnen hatte, die Bauern an den Boden zu binden. Die Leibeigenschaft, die in den folgenden fast 300 Jahren einen großen Teil des russischen Volks zur Rechtlosigkeit verurteilte, hatte hier in der scheinbar rationalen Politik des Zaren ihren eigentlichen Ursprung. Sie gehörte zu jenen Faktoren, die von da an immer wieder Unruhe und Unsicherheit in einem sich wandelnden und dennoch fest verketteten Reich hervorrufen würden.

Inmitten dieser Auseinandersetzung verbreitete sich das Gerücht, Boris, der nun auf den Zarenthron gelangt war, habe zuvor den jüngeren Halbbruder des Zaren Fjodor ermorden lassen. Dies war nur ein Gerücht, und der Tod lag über sieben Jahre zurück. Das Gerücht wurde verbreitet von den adeligen Verwandten des jungen Dimitrij und aufgegriffen von der Kirche, die Boris Godunow zu viel Neigung zu westlich orientierten Reformen unterstellte. Dazu waren einige Jahre mit Klimakatastrophen gekommen, die die geistlichen Führer als Strafe Gottes hinstellten. Nach aufeinanderfolgenden Sommern von großer Trockenheit waren Überschwemmungen aufgetreten, Hungerjahr reihte sich an Hungerjahr. Zar Boris versuchte, die Leiden des Volks zu mildern, indem er hungernde Landstriche mit Staatsgeldern unterstützte, gegen Getreidespekulanten vorging und die Not durch Verteilung von Getreide zu lindern versuchte. Aber in den Straßen der Hauptstadt lagen, nach zeitgenössischen Augenzeugenberichten, verhungerte Tote, die sich von Gras oder Heu allein nicht hatten ernähren können.

In dieser angespannten Situation verbreitete sich ein Gerücht von großer Sprengkraft: Der angeblich von Godunow ermordete Zarensohn Dimitrij sei in Polen lebend gefunden worden, durch die Gnade Gottes vor den Mördern gerettet. Der König von Polen glaubte, mit einem angeblichen Zarensohn an der Spitze seines Heeres in Russland Unterstützung zu finden, wenn er ihm den Moskauer Thron erkämpfe. Vergebens versuchte der Patriarch von Moskau, der den polnisch-katholischen Einfluss fürchtete, die führenden Männer Russlands auf den jungen Sohn des Zaren Boris und gegen den von Polen umgebenen Prätendenten Dimitrij einzuschwören. Während der Zarewitsch Dimitrij noch im Triumphzug nach Moskau geführt wurde, ließ Fürst Golitsyn den Sohn und die Witwe Boris Godunows ermorden.

MACHTKÄMPFE, KRIEGE UND DIE GEBURT DES DRITTEN IMPERIUMS

Einen Tag später wurde Dimitrij zum Zaren gekrönt. Nun, da er an der Macht war, schlug die Welle der Gerüchte um. Er sei, so redete man, in Wahrheit kein Zarensohn, sondern ein aus seiner Klostergemeinschaft ausgestoßener orthodoxer Mönch, der in Polen zu einem Werkzeug der Jesuiten geworden war. Er wolle die orthodoxen Christen verfolgen und die Staatsmacht dem König von Polen ausliefern. In Moskau versuchte sich das polnische Gefolge mit arrogant vorgetragenen Machtansprüchen gegen den russischen Adel durchzusetzen. Die Spannungen stiegen. Ein halbes Jahr nach der Thronbesteigung Dimitrijs kam die Nachricht, die über sein Schicksal entschied: Das Gerücht, er sei katholisch geworden, schien sich zu bewahrheiten. Außerdem hatte Dimitrij in Polen heimlich geheiratet und brachte nun eine Katholikin auf den Thron

Russlands. Als er am 17. Mai 1606 seine polnische Braut Marina, Tochter eines mächtigen Magnaten, heiratete, gab es Streit unter den Hochzeitsgästen. In dem blutigen Kampf kam auch Dimitrij ums Leben. Sein nackter Körper wurde tagelang vor dem Kreml zur Schau gestellt.

An vielen Orten des Reiches kam es zu Unruhen und Zusammenrottungen. Aufstände verwüsteten das Land, die Kosaken belagerten Moskau im Namen eines weiteren Zaren Dimitrij. Noch einmal konnte der Adel die Hauptstadt befreien, aber im weiten Lande beherrschten Aufrührer große Gebiete, oft im Namen angeblich wieder entdeckter Zarensöhne. Vom Westen drohte neue Gefahr aus Polen, von Norden her rückten die Schweden ein, um Nowgorod zu erobern.

Überall schlugen Not und Unzufriedenheit in Unruhen um. Zeitgenössische Chroniken berichten, wie sich Kosaken zusammenrotteten, Gouverneure ins Gefängnis warfen, Adelssitze beraubten und die Frauen und Töchter der herrschenden Schicht vergewaltigten. In Moskau wurden die Lebensmittel knapp und teuer. In den Städten und Dörfern wusste niemand mehr, wessen Herrschaft am fürchterlichsten sei: die der Rebellen oder die des Zaren. Um sich zu retten, versuchte Zar Wassilij, der von den Bojaren auf den Thron gehoben worden war, die Erzfeinde aus Schweden zu Hilfe zu rufen. Er bot dem König von Schweden Ländereien an der Ostsee als Preis für einen Kampfverband von Söldnern an. Ein polnisches Heer bedrohte Russland vom Westen und bereitete sich auf die Eroberung der Festung Smolensk vor. Die mächtigen Männer des Adels hatten von ihrem Zaren genug und zwangen ihn, als Mönch ins Kloster zu gehen. Aber über einen Nachfolger konnten sich die Bojaren nicht einigen. Sie hätten gerne den Sohn des polnischen Königs zum Zaren gekrönt, wenn er nur bereit gewesen wäre, sich rechtgläubig vom Patriarchen taufen zu lassen. Aber nun war selbst dieser Preis dem polnischen König zu hoch, wo es doch möglich schien, Russland direkt dem eigenen Reich einzuverleiben. In einer

Botschaft an Papst Paul V. in Rom suchte König Sigismund sich des Beistands aus dem Westen zu versichern. Unter seiner Herrschaft werde Russland wieder zum Gehorsam unter dem Heiligen Stuhl zurückgeführt werden. Das katholische Christentum werde sich nach Osten, weit hinein nach Asien, ausbreiten, und wenn Moskau und sein Patriarch unterworfen seien, werde Polen auch das protestantische Schweden unter Kontrolle bringen können.

So begann die orthodoxe Kirche, immer noch reich und in sich geschlossen, Anführer zu unterstützen, die in vielen Städten Russlands zur Aufstellung von freiwilligen Truppen aufforderten. Sie riefen zum Widerstand gegen die «Zerstörer des christlichen Glaubens», also gegen die katholischen Heere der Polen auf. Eher wollte die Kirche mit Tataren und anderen Reitervölkern ein Bündnis schließen. Ihr genügte es, wenn die islamischen Tataren ihren Eid als Moslems auf den gemeinsamen Kampf gegen die Polen schwören würden. Von der alten Handelsstadt Nowgorod aus rief ein Fleischermeister, Kosma Minin, zum nationalen Widerstand auf, unterstützt von den großen Kaufleuten der Stadt. Auf ihre Bitten stellte sich Fürst Dmitrij Poscharskij, ein Kommandeur zarentreuer Truppen, an die Spitze der Empörung. Im August 1612 erreichte seine Armee von etwa 12 000 Bewaffneten, viele von ihnen im Kriegshandwerk wenig erfahren, die Hauptstadt Moskau. Sie zwangen die polnischen Truppen zum Rückzug und vertrieben jene adeligen Verschwörer, die die Macht durch ein Bündnis mit Polen zu erringen versucht hatten. Hunderte von Männern aus allen Teilen Russlands kamen nach Moskau, um auf einer allgemeinen Ständeversammlung einen neuen Zaren zu wählen.

Sie einigten sich auf einen 17-jährigen jungen Mann, der nicht aus einem Fürstenhaus stammte, sondern aus einer einflussreichen Bojarenfamilie, die sich in den Machtkämpfen der Jahrzehnte zuvor zurückgehalten und ihren Besitz vermehrt hatte. Das Kirchenrecht machte es möglich, gleichzeitig seinen Vater als Patriarchen einzusetzen. Gemeinsam unterzeichneten der junge Zar und der

Patriarch die ersten Erlasse, die aus Moskau ins Land gingen. Das Moskauer Reich war untergegangen, aber Russland hatte überlebt. Mit Zar Michael Romanow begann die Geburt des neuen, dritten Imperiums der russischen Geschichte. In 300 Jahren, bis zum nächsten Zusammenbruch, sollte dieses russische Reich ständig wachsen und zu einer der großen Weltmächte werden.

Der erste Romanow auf dem Zarenthron schaffte es, die Anarchie im Inneren des Landes zu beenden und durch Friedensschlüsse mit Schweden und Polen eine festere Entwicklungsgrundlage zu schaffen. Zugleich dehnte sich das Reich nach Osten aus. Die ersten Russen erreichten die Küste des Ochotskischen Meeres am Ende Sibiriens. Die Kosaken erweiterten das russische Siedlungsgebiet an Don, Wolga und Ural. Hundert Jahre nach der Thronbesteigung des Zaren Michael gehörten zu Russland Sibirien, das Einzugsgebiet der Wolga und die Ukraine östlich des Dnjepr. Russische Handelsleute und Reisende entdeckten die fernen Gebiete im Osten von der Bering-Straße bis zum Amurfluss an der Grenze Chinas. Die Verwaltung des riesigen Staatsgebietes erforderte einen wachsenden Apparat ausgebildeter Menschen. Schritt um Schritt musste das Schulwesen erweitert und entwickelt werden.

Es dauerte mehrere Jahrzehnte, bis die russische Politik wieder nach Westen ausgreifen konnte. In einem langen Krieg nahm Russland den Polen große Gebiete um Smolensk, Tschernigow und sogar die Ukraine ab. Aber der Krieg, den Zar Alexej gegen Schweden führte, um sich den Zugang zur Ostsee zu öffnen, war schon nach zwei Jahren verloren.

AUSSENPOLITIK

Unter Zar Alexej wurde den Regierenden in Moskau klar, dass Russland nicht auf militärische Feldzüge allein setzen konnte, sondern zusätzlich eine effektive Außenpolitik brauchte. So begann der Zar, eine Abteilung für auswärtige Angelegenheiten mit erfahrenen Bürokraten aufzubauen, die die Entwicklung in den

Nachbarländern beobachteten, Archive führten, Informationen aus dem Ausland sichteten und sammelten. Ende des 17. Jahrhunderts verfügte er über ein Auswärtiges Amt mit fast 50 Übersetzern aus den verschiedensten Sprachen – Polnisch, Tatarisch und Deutsch, aber auch etlichen anderen Sprachen wie Englisch, Schwedisch, Türkisch, Griechisch und Mongolisch. Der Kern des neuen außenpolitischen Establishments waren Russen, manche aus dem Adel, andere aus der Verwaltungs- und Finanzbürokratie herangezogen. So bildete sich ein wachsender Beraterkreis um den Zarenhof heraus, der für Diplomatie, Auslandshandel, Waffenproduktion und Buchzensur zuständig war und sich zu einer auf Reform und Modernisierung eingeschworenen Gruppierung verband. Tatsächlich wurden der Zar und seine Mitarbeiter von diesem Zeitpunkt an ungewöhnlich gut über das Geschehen in anderen Ländern informiert, da diese außenpolitische Abteilung der Regierung ihre Agenten in vielen Ländern hatte. In Deutschland standen etwa die Gebrüder Marselis und ein Benjamin Helmfeldt auf der russischen Liste, aus deren Berichten sich der Zar über die Machtverhältnisse und Absichten besonders in Polen informierte. Seit jener Zeit besaß Russland das Außenministerium eines Imperiums.

In den europäischen Ländern wuchs das Interesse an der politisch-militärischen Zusammenarbeit mit Moskau. In Wien hoffte der deutsche Kaiser, Russland als Verbündeten gegen die Türken zu gewinnen. Die Dänen wollten ein Bündnis gegen die Schweden, die Polen Unterstützung gegen die Tataren.

Unter Zar Alexej wurden die Bedingungen der Leibeigenschaft noch einmal verschärft. Der Aufruhr der Bauern und Kosaken unter Stenka Rasin brach 1671 zusammen, und der Stärkung der Zaren- und Adelsherrschaft stand kein Volksaufstand mehr im Wege. Ein Jahr später hob sich der erste Theatervorhang Russlands in Moskau vor einem einzigen Zuschauer, dem Zaren. Unter Anleitung eines deutschen Geistlichen wurde die biblische Geschichte der Esther von Schauspielern aufgeführt. Puppen- und Wandertheater hatte es schon gegeben, aber nun ließ der Zar im Kreml ein Theater bauen und begann italienische und französische Komödianten einzuladen. Die Regierung ging indessen immer mehr, besonders unter seinem Sohn Fjodor, in die Hände der Bojaren, des Adels, über. Mit seinem Tod begann eine Periode wüster und unübersichtlicher Auseinandersetzungen um die Nachfolge. Sein Sohn, Iwan V., galt als schwach oder sogar schwachsinnig. Der zweite Sohn, der spätere Peter der Große, war erst 10 Jahre alt, als sein Vater starb. So erkämpfte sich ihre Halbschwester Sophia die Regentschaft und ließ Peter und Iwan als Koregenten zu Zaren ausrufen. Aus Furcht vor Peters Rache verbannte sie ihn schließlich mit seiner Mutter in ein kleines Dorf vor Moskau. Von dort aus kam er gelegentlich in eine Vorstadt Moskaus, die Nemetskaja Sloboda, das Wohnviertel deutscher Handwerker, Ärzte und Offiziere. Es hatte sich eingebürgert, alle ausländischen «Spezialisten» zunächst als Deutsche zu bezeichnen, obwohl es in diesem Viertel mehr Schotten und Schweizer als Deutsche gab (das Wort «Nemets» war zum Begriff für alle, die nicht russisch sprachen, geworden und schließlich im Laufe der Zeit wieder auf die größte Ausländergruppe in Moskau, die Deutschen, verengt worden). Die Begegnung mit diesen Ausländern richtete Peters Aufmerksamkeit auf die Reformierung und Modernisierung des russischen Landes.

DIE EPOCHE PETERS DES GROSSEN

Peter musste fürchten, dass die Regentin Sophia seine Ermordung vorbereitete. Er floh aus Moskau, begann aber zugleich die Offiziere und den Adel für sich zu mobilisieren. Sie verbannten die herrschsüchtige Sophia ins Kloster. Peter war praktisch Alleinherrscher, weil Iwan wegen seiner Krankheit ausfiel. Die eigentliche Regierung führte in den nächsten Jahren Peters Mutter, deren Ministern es gelang, wichtige Ziele der russischen Politik zu verfolgen. Sie erreichten, dass beim Friedensschluss mit Polen große Gebiete der Ukraine einschließlich der Stadt Kiew für die Zahlung von

150 000 Rubel an Russland abgetreten wurden – ein wichtiger Schritt zur Vollendung des russischen Imperiums.

Bis zum Tode seiner Mutter hatte Peter ein ziemlich wildes, ungeordnetes Leben geführt. Er übernahm, 24 Jahre alt, die Herrschaft und stürzte sich sofort in einen Krieg gegen die Türken. Innerhalb eines Jahres hatten seine Truppen die Festung Asow erobert und Russland den Zugang zum Schwarzen Meer geöffnet. Nun wurde eine große Gesandtschaft zu den europäischen Höfen geschickt, die für ein Bündnis gegen das Osmanische Reich werben sollte. Peter genügte es nicht, sich von Abgesandten über die Länder im Westen zu informieren, die so zügig an militärischer und auch wirtschaftlicher Macht gewonnen hatten. Er selbst schloss sich der großen Gesandtschaft an. Zum ersten Mal verließ ein Zar sein Land, um durch den Westen zu reisen. Es war der Aufbruch, der dann mit der Thronbesteigung eines außergewöhnlichen Staatsmannes und Heerführers eine neue Epoche in der Geschichte des Russischen Reichs, die Periode des Petersburger Imperiums, einleiten sollte. Der junge Zar bereiste Deutschland, England, besonders aber Holland, wo er Einsicht in die Geheimnisse des modernen Schiffbaus zu gewinnen suchte. Dieser ungewöhnliche Herrscher war nicht zufrieden mit Informationen aus zweiter Hand und den vorformulierten Eindrücken der Höflinge. So gab er sich zeitweise als Artillerieunteroffizier Peter Michailowitsch aus, um die fremden Städte des Westens, die Arbeit auf polnischen Werften, die englischer Zahnärzte und polnischer Segelmacher, Festungen und Kanonen unerkannt studieren zu können. Der Kaiser in Wien versprach ihm die Hilfe von Militärexperten und Ingenieuren, der Doge von Venedig empfahl einen Schiffbauexperten, den Peter als Vizeadmiral in den Dienst nahm, der König von Polen schickte Baumeister.

In Krakau traf Peter August den Starken, den König von Sachsen und Polen. Die beiden verstanden sich blendend, tranken viel, redeten nächtelang von ihren Liebesabenteuern und testeten, wer die dickeren Silberteller mit der Hand verbiegen konnte. Aber sie fassten auch strategische und politische Machtveränderungen im Ostseeraum ins Auge. Zar Peter änderte die Hauptrichtung seiner Außenpolitik. Nicht mehr nach Süden gegen das Osmanische Reich sollten die nächsten Feldzüge führen. Russland sollte zur Großmacht im europäischen Kräftespiel werden. Peter der Große und August der Starke beschlossen, Schweden in einem gemeinsam geführten Krieg seine Provinzen südlich der Ostsee zu nehmen. Dänemark schloss sich der antischwedischen Koalition an, und unmittelbar nach einem Friedensabkommen mit dem Osmanischen Reich ließ Peter die Truppen vom Schwarzen Meer nach Norden an die Grenze Livlands, die Provinz des deutschen Ritterordens, und Kurlands marschieren. Inzwischen allerdings veränderte sich die Lage der Kriegskoalition: Die Dänen mussten Frieden schließen, nachdem schwedische Truppen Holstein besetzt hatten. August der Starke hatte vor Riga eine Niederlage erlitten. Da die Westkoalition sich als unzuverlässig erwiesen hatte, standen die russischen Truppen plötzlich alleine da.

Es schien ein für Russland unglücklicher Krieg zu werden. Die Schweden drangen weit bis nach Süden vor. Sie hofften, den Hetman der Ukraine, Mazeppa, als Bündnisgenossen zu gewinnen und mit ihm ein unabhängiges Reich zwischen Polen und Russland zu schaffen. Aber die meisten Kosaken folgten dem Befehl ihres Hetmans nicht. Sie weigerten sich, mit dem protestantischen Schwedenkönig gegen den rechtgläubigen Zaren zu kämpfen. In der Schlacht von Poltawa, in der sowohl Zar Peter wie König Karl selber auf dem Schlachtfeld in der ersten Reihe kämpften, wurde das schwedische Heer vernichtet. Karl flüchtete ins Osmanische Reich. Die Großmacht Schweden war für immer gestürzt. Seine Provinzen Karelien, Livland und Estland, das ganze Baltikum, fielen an Russland.

WELTOFFENER ZAR EINES MÄCHTIGEN IMPERIUMS

Peters Versuche einer Erneuerung Russlands stießen im Inneren noch auf Widerstand. Die Armeereform hatte die alten, privilegierten Gardeeinheiten gegenüber neu ausgebildeten Truppen zurückgesetzt. Zweimal erhoben sich die Strelitzen-Regimenter gegen Peter, aber ihre Macht war längst geschwunden und ihre Aufstände wurden grausam niedergeschlagen. Zugeständnisse ließen den Adel den Verlust an politischer Macht leichter verschmerzen: Die leibeigene Bauernschaft war von nun an ihren adeligen Herrn noch schutzloser ausgeliefert als zuvor und mit einer Kopfsteuer belegt – ein hoher Preis für die Ruhigstellung der Adelsclans, der Russland noch belastete, als die Leibeigenschaft Ende des 19. Jahrhunderts schon abgeschafft war. Zugleich aber versuchte Peter I. die Verfassungen der Städte zu reformieren und das Bürgertum zu stärken, dessen Bedeutung ihm auf seinen Reisen durch Westeuropa deutlich geworden war.

Sein Haupterfolg lag in der wachsenden Macht des russischen Imperiums, dessen Grenzen in seiner Herrschaftszeit bis ans Ufer des Pazifischen Ozeans ausgedehnt wurden. 1669 war eine kleine Bande von Kosaken bis nach Kamtschatka vorgedrungen, und 15 Jahre später war die große Halbinsel in russischem Besitz. Peter schickte Schiffsbauer an das Ochotskische Meer, um weitere Expeditionen vorzubereiten. Noch wusste niemand in Moskau, ob sich an diese Küsten noch weitere Gebiete anschlossen oder ob das Meer Sibirien vom Kontinent Amerika trennte. Aber im fernsten Teil Sibiriens wuchs die russische Bevölkerung auf 60 000 Menschen an.

Im Westen hatte Peter der Große zwar in Sachsen und Dänemark, Preußen, Hannover und Mecklenburg Koalitionspartner gegen Polen, Schweden und Türken gefunden, aber abgesehen von gemeinsamen militärischen Interessen in Kriegszeiten hatten sich die wirtschaftlichen Verbindungen nicht günstig entwickelt. Die russische Kaufmannschaft war der Konkurrenz der Hanse, der Holländer oder der Engländer nicht gewachsen. Der Warenaustausch bestand auf russischer Seite überwiegend aus Landwirtschafts- und Jagdprodukten, die billig erworben wurden, während die westlichen Handelsleute Handwerks- und Industrieprodukte mit hohem Gewinn verkauften. Die Handelsströme kamen, trotz des wachsenden Wohlstandes an Knotenpunkten wie dem Hanse-Stützpunkt Nowgorod, weniger den russischen Handelsleuten aus dem entstehenden Bürgertum als ihren westlichen Partnern zugute. Peter der Große war entschlossen, dies zu ändern. Er entschied, dass auch Russland eine Flotte brauchte, um den Zugang über die Ostsee nach Westen offen zu halten – auch um den Preis der Feindschaft der Seemacht England. Seine Politik war weiterhin, Russlands Stellung an der Ostsee auszubauen, denn seine Reiseerfahrungen in England, Holland und Deutschland hatten ihn davon überzeugt, dass Russland Häfen und eine Flotte benötigte.

Deutschland, dieses Sammelsurium größerer und kleinster Staaten, konnte von Russland aus nicht als europäische Macht wahrgenommen werden. Preußen, einige norddeutsche Fürstenhöfe, die Hansestädte und außerdem Sachsen, die wichtigste Landverbindung, lagen im Blickfeld der russischen Politik. Einige wirtschaftlich entwickelte süddeutsche Reichsstädte gehörten eher am Rande dazu. Die Heiratspolitik der Moskowiter hatte sich ebenfalls auf den protestantischen Teil Deutschlands beschränkt. Mit kleineren norddeutschen Fürstenhöfen gab es Verwandtschaftsbeziehungen, die in Zeiten des Streits um die russische Thronfolge durchaus nicht ohne Nutzen waren. Bis zum Ende des 18. Jahrhunderts aber gab es keine einzige Eheschließung mit einer katholischen Fürstentochter. Die Beziehungen zu Deutschland beschränkten sich fast ausschließlich auf protestantische Fürstentümer und Staaten. Das hatte in erster Linie geographische und politische Gründe, es war aber auch eine Folge der Kirchenspaltung. Aus den Forderungen, das russisch-orthodoxe Patriarchat solle sich der römischen Kirche unterordnen, erwuchs immer wieder Misstrauen gegenüber den Machtansprüchen des Vatikans. Auseinandersetzungen in Russlands westlichen Grenzgebieten waren aus Ansprüchen katholischer Nachbarn entstanden. Zu den Protestanten waren die Beziehungen des russisch-orthodoxen Reiches weniger belastet.

Peter der Große hatte den Schweden die Provinzen Livland (etwa das heutige Lettland) und Estland abgenommen, in denen vor den Schweden der Deutschritterorden über die einheimische Bevölkerung geherrscht hatte. Als diese Gebiete nun ans Zarenreich fielen, erkannte Peter der Große, dass Russland mit dieser deutschen Oberschicht einen starken unterstützenden Faktor für seine Reformen gewonnen hatte. Den geordneten Staat, den Peter auf seinen Westreisen bewundert hatte, glaubte er in den beiden neu gewonnenen Provinzen zu erkennen. Sowohl schwedische wie deutsche Traditionen der Verwaltung und des Gerichtswesens schienen ihm als Bausteine für den modernen russischen Staat geeignet, und so bestätigte er die Rechte und Privilegien der deutschen landbesitzenden Klasse und stellte sie Adel und Oberschicht in Russland gleich. Deutsch wurde als Verwaltungs- und Gerichtssprache anerkannt und die evangelische Kirche ohne Einschränkung zugelassen. Peter I. öffnete den Balten-Deutschen den Zugang zu höchsten Verwaltungs- und Regierungsämtern – ein Teil seines Reformprogramms, der freilich schon den Keim späterer Spannungen zwischen Russen und Deutschen in der Politik des Zarenreiches in sich trug.

Peter der Große hatte Russland zu einer Großmacht an der Grenze von Europa und Asien gemacht. Aber es war trotz der Ausdehnung nach Osten ein europäisches, russisches Reich geblieben. Über drei Viertel der Bevölkerung waren Russen. Das gute Dutzend anderer Völker, von den Letten bis zu den Baschkiren, stellte jeweils nur ein bis zwei Prozent der Bevölkerung. Zwar waren viele von ihnen in Kämpfen besiegt und durch harte Unterdrückungsmaßnahmen zum Gehorsam gezwungen worden, doch hatte sich das Bemühen bewährt, die Oberschicht der neu gewonnenen Völkerschaften in die Rangordnung einzugliedern, die Peter der Große seinem Staate vorschrieb. Nicht nur Geburt und Abstammung waren entscheidend, sondern die Verdienste um den Staat und die Macht des Zaren bestimmten den Rang in Staat und Gesellschaft.

Peter I. regelte auch das Verhältnis von Kirche und Staat, von Patriarch und Herrscher neu. In dem halben Jahrhundert vor seiner Herrschaft hatten die Moskauer Patriarchen eine Stellung errungen, in der sie neben den Zaren herrschten und manchmal über den Zaren zu stehen schienen. Aber als Patriarch Adrian im Jahr 1700 starb, konnte es Peter der Große verhindern, dass ein Nachfolger sein mächtiges Amt übernahm. Er sorgte dafür, dass als höchstes Organ der russisch-orthodoxen Kirche die Heilige und Oberste Synode, ein Rat von zehn Geistlichen, den starken Patriarchen ersetzte. Die Kirche verlor ihre politische Führungsmacht und wurde ein Instrument der Zaren und ihrer Politik. Willig unterstützte sie Peters Wunsch, den Titel «Durch Gottes Gnade Imperator und Selbstherrscher des ganzen Russland» anzunehmen. Statt des Titels «Zar» stand nun das lateinische Wort «Imperator» vor seinem Namen. Ob es mit «Kaiser» zu übersetzen sei, blieb bei den westlichen Fürstenhöfen umstritten. Nur König August von Polen, König Friedrich-Wilhelm I. von Preußen und Friedrich I. von Schweden, Herrscher, deren Staaten unmittelbare Kenntnis von der Größe der Macht im Osten hatten, erkannten Peters kaiserlichen Titel an. Andere Fürstenhäuser verzögerten die Anerkennung, zum Teil aus Furcht, Peter der Große könnte sich über sie stellen, wie es der Kaiser des Heiligen Römischen Reiches früher getan hatte. In Wiener Archiven fand sich schließlich ein Brief, den Kaiser Maximilian I. 200 Jahre zuvor an Iwan III. gerichtet hatte und in dem er den russischen Herrscher mit dem deutschen Wort «Kaiser» anredete.

«FENSTER NACH EUROPA»

Peter der Große, nun allen regierenden Häusern Europas gleichberechtigt, verheiratete seinen Sohn Alexej mit einer Prinzessin von Braunschweig-Wolfenbüttel, seine Tochter Anna mit dem Herzog von Holstein-Gottorp, eine Cousine mit dem Herzog von Kurland, deren Schwester mit dem Herzog von Mecklenburg-Schwerin und ihre Tochter dann auch noch mit dem Fürsten von Braunschweig-Bever. Das mächtige Russland war auf dem Spielfeld der dynastischen Heiratspolitik gleichberechtigt angekommen, auf dem es bis zum Ende des Hauses Romanow ein dichtes Netz der verwandtschaftlichen und politischen Beziehungen ziehen sollte.

Die alte Hauptstadt des Moskowiter Reiches behielt für die Nachbarn in Europa immer den Ruch des Barbarischen und Östlich-Exotischen. Die neue Hauptstadt, die Peter der Große in den Sümpfen an der Newamündung schaffen wollte, blickte über die Ostsee nach Europa und trat zugleich diesem Europa mit wachsender Pracht vor Augen. Ein «Fenster nach Europa» hatte Peter der Große sie genannt, aber sie war auch ein Fenster, durch das die Handelsnationen des Westens auf Russland und seine wachsenden wirtschaftlichen Möglichkeiten blickten. Peter der Große hatte im ganzen Land die Entstehung von Manufakturen und Bergwerken und ein außenhandelsbewusstes Bürger- und Beamtentum gefördert. Vom großen Hafen an der Newa führten Handelswege südlich und östlich nach Asien. Eine bedeutende Kriegsflotte sorgte dafür, dass die Handelswege durch Ost- und Nordsee nicht von der englischen Konkurrenz versperrt werden konnten.

Schon während des großen Krieges mit Schweden hatte Peter I. Träume von einer großen Hafenstadt an der Ostsee gehegt. Nun plante er sie in einer gottverlassenen Landschaft, die alljährlich von Überschwemmungen geplagt wurde, wo auf Feldern nichts wuchs und nur im Sommer einige kleine Siedlungen den Fischern Unterkunft boten. In einer unerhörten Kraftanstrengung trieb Peter ein Heer von Arbeitern in die Newasümpfe: zwangsrekrutierte Leibeigene von den Gütern der Oberschicht, Bauern, die in die Fänge von Werbern gefallen waren, Kriegsgefangene und Verbrecher. 80 000 bis 100 000 Menschen mögen es gewesen sein. Viele flohen trotz angedrohter schwerer Strafen aus den mörderischen Sümpfen, Zehntausende starben an Hunger, Sumpffieber und Seuchen.

In ganz Russland ließ der Zar den Bau von steinernen Häusern verbieten, um Steinmetze und andere Handwerker auf die Baustelle an der Newa zu zwingen. Dem Adel wurde auferlegt, Palais und Stadtschlösser in der neuen Hauptstadt zu errichten und mit ausländischen, meist italienischen Baumeistern eine glanzvolle Kulisse von Stadtresidenzen aufzubauen, während um die Stadt herum, wie im Westen Europas, Schlösser nach dem Vorbild von Versailles entstanden. Hier zeigte sich, was ein entschlossener Herrscher mit Vorausschau und Brutalität in diesem großen Lande zu erreichen vermochte. Den Russen hatte er die Bärte abscheren lassen und ihnen europäische Kleidung aufzuzwingen versucht. Die neue Hauptstadt St. Petersburg stand auch für den Bruch zwischen dem sich immer weiter nach Asien ausdehnenden Bauernland und dem Heer von Beamtenschaft und Hochadel, die das Land von seiner nördlichsten Stadt aus regierten.

Die Macht Russlands und sein Einfluss auf die europäische Politik, aber mehr noch die faszinierende Persönlichkeit des Zaren, der dem Land einen Ausblick auf den Westen eröffnen wollte, hatte in allen Nachbarländern, besonders aber in Deutschland, ein außerordentliches Interesse geweckt. In der frühen Phase der Aufklärung entdeckten deutsche Philosophen und Wissenschaftler diesen Mann, der als Selbstherrscher aus einem als grausige Wildnis verrufenen Land einen modernen Staat machen wollte. Der deutsche Philosoph Gottfried Wilhelm Leibniz hatte, wie die meisten seiner Landsleute, ursprünglich kaum eine Vorstellung vom russischen Reich. Als er 1659 für seinen Fürsten eine Denkschrift zur Thronfolge in Polen anfertigte, erwähnte er die Russen noch verächtlich als «die Türken des Nordens» – freilich mit dem Ziel, die Sache eines deutschen Prinzen gegen einen russischen Kandidaten zu befördern. Zwei Jahrzehnte später hatte sich seine Meinung geändert, nicht zuletzt deshalb, weil Zar Peter der Große durch Europa gereist war und ein Interesse an Wissenschaft, Industrie und Staatswesen bewiesen hatte, das den großen deutschen

Universalgelehrten in ihm einen Mann erblicken ließ, der die bekannte Welt verändern konnte. Der aufgeklärte Herrscher, der sein Land reformierte, war fast so etwas wie ein Idealbild für Denker, denen die Mehrheit der Menschen wenig geeignet schien, die Zustände ihrer Länder vernünftig zu regeln.

2

DIE ZAREN UND IHRE DEUTSCHEN – DIE RUSSEN UND IHRE DEUTSCHE ZARIN

Leibniz hatte, nachdem ihm die Figur des aufgeklärten Alleinherrschers Peter vor Augen getreten war, Informationen aus allen ihm zugänglichen Quellen in Westeuropa gesammelt. Aber über das eigentliche Wesen des russischen Volks und Reiches wurde ihm wenig Zuverlässiges bekannt. Er nannte Russland eine große Tabula rasa, ein frisches Feld oder auch einen «neuen Topf, der noch keinen Geschmack angezogen» habe. In der Begegnung mit dem Zaren sah er die Chance, einen großen und aufgeklärten Herrscher zu beeinflussen, mit dessen Hilfe er seine Vorstellungen von einer besseren Welt verwirklichen könnte.

DER PHILOSOPH UND DER ZAR

Als Peter der Große seinen Sohn Alexej mit der Prinzessin Charlotte von Braunschweig-Wolfenbüttel verheiratete, hatte Leibniz im Auftrag des Kurfürsten Georg Ludwig diese Eheschließung bei einem geheimen Besuch am Kaiserhof in Wien politisch vorbereitet und österreichische Ängste beschwichtigt. Nun nutzte er die Gelegenheit der Hochzeit, um dem Zaren, der ihn zu seiner Mittagstafel einladen ließ, ein umfassendes Modernisierungsprogramm vorzutragen, in dem es um Schulen, Landwirtschaft, Industrieentwicklung, Druck- und Verlagswesen, Handel und Forschung im Interesse der Seeschifffahrt ging. Es war ein fast allumfassendes Programm, in dem der Kontakt mit dem chinesischen Hof und die Sammlung von Informationen über die chinesische Philosophie und das Weissagungsbuch I Ging ebenso vorkamen wie die Möglichkeiten einer politischen Allianz mit oder gegen Frankreich. Leibniz war von dem Gespräch mit dem intelligenten, interessierten Herrscher fasziniert. Peter der Große ermunterte ihn, Leitlinien einer Neuordnung der Gesetzgebung und des Gerichtswesens zu Papier zu bringen, und verlieh ihm als Zeichen dafür, wie sehr er auf seinen Rat bauen wolle, den Rang eines geheimen Justizrats.

Aber der Zar war Herrscher, Kriegsherr, Politiker und eher an praktischen Lösungen als an den großen Konzepten einer menschheitsbewegenden Neuordnung der Welt interessiert. Mit der Justizreform, die Leibniz in Gang bringen sollte, ging es nicht voran, er erhielt nur spärliche Nachrichten aus Russland über die dortigen Zustände. Auch die versprochenen Zahlungen an den «geheimen Justizrat» blieben aus. Das Russland des großen Peter entsprach eben nicht der Vorstellung, die Leibniz von einem wohlfunktionierenden Staat hatte, von einer «Staatsuhr», in der die Ministerien im Auftrag des Herrschers als Haupträder jene Vielzahl von Nebenrädern der Verwaltung antreiben sollten, die den Staat auf vernünftige Weise zum Wohle aller, des Herrschers wie der Beherrschten, in Bewegung halten würden. Diese Vorstellung hatte mit der Wirklichkeit der russischen Gesellschaft wenig gemein, doch der Zar empfand sie als ebenso anregend wie schmeichelhaft. Leibniz hoffte, der «Solon», der große Gesetzgeber, Russlands zu werden. Aber wie viele andere Beobachter in Europa übersah er, dass in den Plänen des Zaren viele Ziele nebeneinander standen und einander verdrängten. Weder war Russland eine «tabula rasa» noch waren seine Herrscher entschlossener als die Könige und Fürsten im Westen, die Ideen der Aufklärung zu verwirklichen, wenn das auf Kosten ihrer eigenen Macht ging.

Den wichtigsten Beitrag zur Entwicklung Russlands leistete Leibniz mit seinen Plänen für eine Reform der Wissenschaften und der Universitäten, die er dem Zaren 1706 in einem Brief darlegte. Es dauerte acht Jahre, bis Peter der Große der Gründung einer Akademie der Wissenschaften in St. Petersburg zustimmte, wobei er die Vorschläge des deutschen Gelehrten aufgrund seiner eigenen Eindrücke von der Pariser Akademie und der Royal Society in London veränderte. 1725, im Todesjahr des Zaren, trafen die ersten ausländischen Wissenschaftler aus Deutschland, Italien und Frankreich in St. Petersburg ein. Der eigentliche Vater und Spiritus Rector der russischen Wissenschaft und ihrer Akademie, Michail Lomonossow, war der Sohn von Bauern und Fischern. Als junger Mann war er 1000 Kilometer zu Fuß vom Norden Russlands nach Moskau gewandert und Student einer geistlichen Akademie geworden. Von dort aber ging er nach Deutschland an die Universität von Marburg, um Chemie, Physik, Mathematik und Philosophie zu studieren, heiratete eine Deutsche, die Tochter seiner Vermieterin, und beschäftigte sich in Freiberg in Sachsen mit Bergbau und Hüttenwesen. Von nun an sollten die wissenschaftlichen und kulturellen Beziehungen zwischen Russland und Deutschland eine Intensität erlangen, wie sie zuvor aus sporadischen, dynastischen und außenpolitischen Kontakten nicht entstanden war.

Lomonossow war – wie Leibniz – ein Universalgenie. Er lehrte als Professor in St. Petersburg Chemie, studierte in Deutschland Bergbau, schrieb aber auch Gedichte und Theaterstücke, gründete die staatliche Universität in Moskau und starb schließlich als Direktor der Akademie der Wissenschaften in St. Petersburg. Er hatte sich für das Russische als Unterrichtssprache eingesetzt und mit seiner russischen Grammatik aus Umgangssprache und Kirchensprache die Schriftsprache Russlands geschaffen, Forschungen auf Gebieten wie Geologie, Meteorologie und Physik angeregt, die erste Buntglas- und Mosaikfabrik gegründet und eine Geschichte Russlands geschrieben. Er war ein großer Vermittler zwischen Ost und West, Deutschland und Russland, durchaus im Sinne von Gottfried Wilhelm Leibniz.

EIN JAHRHUNDERT DER FRAUENHERRSCHAFT

Was immer Peter auf seinen Reisen durch den Westen gelernt haben mochte, es hatte ihn nicht zu einem milden Herrscher gemacht. Durch seinen Geheimdienst erfuhr er, dass die Geistlichen und Bojaren, die Stützen und Günstlinge der alten Gesellschaft, gegen ihn konspirierten und dass sein kirchentreuer Sohn den Thron besteigen sollte. Zar Peter richtete ein Blutbad unter Höflingen, Leibgardisten und Priestern an. Hunderte wurden geköpft, gehängt oder aufs Rad geflochten. Der junge Alexej starb, bevor das Urteil vollstreckt werden konnte – vielleicht unter den Knutenschlägen seines Vaters. Das war jedenfalls eine der vielen Geschichten, die von Gegnern und Bewunderern über den Zaren, der das Fenster nach Europa öffnete, verbreitet wurde.

Peter wurde nur 52 Jahre alt. 1722 hatte er dekretiert, dass jeder Zar das Recht habe, seinen Nachfolger selbst zu bestimmen, dass also der Titel nicht vom Vater auf den Sohn übergeht. Im Jahr vor seinem Tode hatte er seine Frau Katharina zur Zarin krönen lassen. In den drei kurzen Jahren bis zu ihrem Tode führte Peters Günstling, Alexander Menschikow, die russische Politik praktisch allein, bis ihn eine der vielen Verschwörungen stürzte. Er, Sohn eines litauischen Bauern und Pastetenverkäufers in Moskau, der den gleichaltrigen Peter als Jungen kennen gelernt hatte, hatte die Armee geführt, die Schweden entscheidend geschlagen hatte. Vom deutschen Kaiser Leopold zum Reichsfürsten ernannt, dann von Peter dem Großen auch zum Fürsten des russischen Reiches erhoben, hatte er eine jener abenteuerlichen Karrieren gemacht, die zur Zeit Peters des Großen und unter den Herrscherinnen, die auf ihn folgten, in Russland nicht ungewöhnlich war.

Als die Witwe Peters des Großen 1725 den Thron bestieg, begann ein Jahrhundert der Frauenherrschaft in Russland. Keiner der drei Männer, die von den Zarinnen Katharina I., Anna, Elisabeth und Katharina II. auf den Thron gehoben wurden, vermochte seine Herrschaft länger als drei Jahre zu verteidigen. Die Witwen, die den

Peter der Große, Foto des Denkmals «Der bronzene Reiter» vor dem Hintergrund der Stadt Petersburg

schwachen Zaren auf den Thron folgten, zeigten politische Klugheit, nicht zuletzt in der Wahl ihrer Minister, und unter ihrer Herrschaft wuchsen Macht und Ausdehnung des russischen Reiches kontinuierlich. Am Hofe selber aber führten wechselnde Verbindungen und Machtspiele zu schnellem Aufstieg und tiefem Fall. Zwei Männer deutscher Abstammung haben in diesem Spiel um Machtpositionen und Staatsstruktur eine führende Rolle gespielt – bewundert, aber mehr noch verhasst als Ausländer, die den Russen ihre Politik aufzwangen.

DEUTSCHE AM HOF DER ZARIN

Generalfeldmarschall Burkhard Christoph Graf von Münnich hatte eine jener außerordentlichen Karrieren hinter sich, wie sie nicht nur, aber besonders im Dienst des russischen Reiches möglich waren. 1683 war er als Sohn eines in den dänischen Adelsstand erhobenen Deichgrafen in der Grafschaft Oldenburg geboren worden. Als Ingenieur und Offizier hatte er der französischen und der kursächsischen Armee gedient und schließlich als Generalfeldmarschall und Ingenieur in Russland Kanäle gebaut, Häfen und Festungen errichtet. Münnich zahlte für Macht und Einfluss, als ihn bei der Krönung der Zarin Katharina I. eine Adelsverschwörung stürzte. Zum Tode verurteilt, auf der Hinrichtungsstätte begnadigt, nach Sibirien verbannt und schließlich zurückgeholt und von Katharina der Großen zum Generaldirektor der Ostseehäfen ernannt – so verlief die Karriere eines Mannes, dessen nüchterne Realpolitik auf Herrscherinnen, aber nicht auf Nationalität setzte.

Am russischen Hof saßen sich in den Regierungen dieses Jahrhunderts russische und deutsche Minister gegenüber, von denen die meisten in schnellem Aufstieg in ihre Machtpositionen gekommen waren. Einer der einflussreichsten und umstrittensten war Ernst Johann von Biron aus Kurland. Er stammte nicht, wie manche seiner Zeitgenossen vermuteten, aus dem baltischen Adel. Seine Familie hatte ursprünglich Bühren geheißen und war vom polnischen König geadelt worden. Er hatte in Königsberg studiert und war als Sekretär einer Nichte Peters des Großen in die Politik eingestiegen. Die Zarin Anna Iwanowna vertraute ihm – gegen den Widerstand des Hofadels – die Führung der russischen Politik an. Dass hier ein Deutscher wichtige Entscheidungen traf, sprach sich an den deutschen Höfen sehr bald herum. Der Kaiser machte ihn zum Grafen des Heiligen Römischen Reiches, er selber aber legte sich den Namen der französischen Herzöge von Biron zu. Seine Finanz- und Verwaltungspolitik galt als vorbildlich, aber er nahm nicht nur Orden und Ehren, sondern auch wertvolle Geschenke von der Zarin an, baute prachtvolle Schlösser in Kurland, kaufte baltische Rittergüter, auch eine Standesherrschaft in Niederschlesien, und ließ sich vom polnischen König den Titel eines Herzogs von Kurland verleihen. Biron trieb alte russische Adelsfamilien ins

Ausland und politische wie persönliche Gegner in den Tod. So wurde er, der seinen Aufstieg durchaus russischen Zuständen verdankte, zum Symbol einer verhassten «Deutschenherrschaft», obwohl es gerade Deutsche wie Graf Münnich gewesen waren, die seine Verbannung nach Sibirien betrieben hatten. In Russland gab er der Herrschaft einer landfremden Oberschicht den Namen: «Bironowschtschina».

Der wichtigste, zuverlässigste und solideste unter den Deutschen, die ans Steuer der russischen Politik gerieten, war einer, dessen früher Lebenslauf ihn für diese Rolle nicht gerade prädestinierte. Heinrich Johann Friedrich Ostermann war 1687 als Pastorensohn in Bochum geboren worden. Als Student hatte er, ziemlich betrunken, einen adeligen Herausforderer im Duell getötet und nach Holland fliehen müssen. Als er dort als 17-Jähriger in der russischen Marine anheuerte, wurde Peter der Große auf ihn aufmerksam und gewann ihn für den russischen Staatsdienst. Peter ließ ihn als Berater an Friedensverhandlungen teilnehmen und schließlich die russische Delegation bei den Friedensverhandlungen leiten, die den Nordischen Krieg mit Schweden beendeten. Als Vizekanzler des Zarenreichs brachte Ostermann Russlands Gewicht in die europäische Politik ein, und es war ganz wesentlich er, der Russland zu einem bedeutenden, kenntnisreichen und verhältnismäßig berechenbaren Partner in den Machtspielen der Höfe machte. Den Frieden mit Schweden, der Russlands Macht an der Ostsee festigte, den Kampf um den Zugang zum Schwarzen Meer und die Absicherung gegen polnische Expansionspläne verfolgte er mit Beharrlichkeit. Heinrich Ostermann – der sich nun Andrej Iwanowitsch Osterman nannte – wurde als Außenminister und Großadmiral zu einem der erfolgreichsten russischen Staatsmänner. Zugleich blieb er, der eine Russin heiratete, dennoch Protestant und für die führenden Männer des russischen Adels und der Kirche einer aus der Clique der Fremden, die ihre Macht usurpierten. Sobald die Zarin Elisabeth I. den Thron bestieg, wurde er gestürzt. In ihrer ersten

Proklamation hob die Zarin hervor, welchen großen Dienst sie Russland leiste, indem sie die deutsche Herrschaft am Hof von St. Petersburg beende.

In der ersten Hälfte des 18. Jahrhunderts also hatten einige Deutsche die russische Politik stark beeinflusst oder gelenkt. Aber tatsächlich war dies nur in den Augen ihrer adeligen Gegner am Hof etwas, das man «Deutschenherrschaft» nennen konnte. Keiner der einflussreichen Männer deutscher Abstammung hatte sich als Deutscher empfunden und «deutsche» Politik gemacht. Sie waren durch ihre Herkunft locker mit Deutschland verbunden, aber ein nationales Gefühl für ein Deutschland, das zum Koalitionspartner für das russische Reich werden konnte, empfanden sie nicht. Den Russen in St. Petersburg und Moskau war das schwer verständlich. Denn das Imperium der Zaren war stets von seinem Zentrum her regiert worden, anders als der politische Raum, der sich nach Sprache und Geschichte als «deutsch» beschreiben ließ. Wenn es vor dem Ende des 18. Jahrhunderts Berührung und Zusammenarbeit zwischen dem russischen Reich und den Deutschen gegeben hatte, so waren es entweder dynastische Verbindungen zu einzelnen Fürstenhäusern oder Beziehungen zu großen Handelsstädten und zwischen Kaufleuten gewesen. Sonst lagen in den zeitgenössischen Chroniken nur unzusammenhängende Nachrichten vor, die weder im einen noch anderen Lande einen tiefen und bleibenden Eindruck machten.

Die Hanse, jenes Bündnis großer deutscher Handelsstädte, hatte in Nowgorod das wichtigste Zentrum des Ost-West-Handels begründet, sie war aber eben keine staatliche oder nationale, sondern eine kommerzielle Einrichtung. In den Büros der Kaufleute muss es umfassende Kenntnisse über den Zustand des weiten Landes gegeben haben und es scheint, dass einige reisende Chronisten und Gesandte ihre Informationen über das unbekannte Land der Zaren den Archiven der hanseatischen Kaufleute verdankten, aber die vorsichtigen Geschäftsmänner sorgten dafür, dass die Aufzeichnungen ihrer Informanten nicht in falsche Hände fielen. Es hatten sich zunehmend Deutsche schon im Moskauer Großfürstentum angesiedelt, Kaufleute, Handwerker und Waffenschmiede, aber auch Militärs, Kriegsgefangene und Söldner, die am Kampf gegen die Tataren teilnahmen. Das Land, dem es an Handwerkern, Lehrern, Kaufleuten fehlte, zog aus ganz Europa Menschen an, die in Moskau und später in St. Petersburg ihr Glück zu machen hofften. Bei Peter dem Großen wurden sie zu einem wichtigen Teil seiner Entwicklungspolitik. Eingeladen hatte er die Ausländer bereits 1702 in einem eigenen Manifest. Gekommen waren zum großen Teil Deutsche, die unter den ausländischen Handwerkern auf den Baustellen der neuen Hauptstadt die stärkste Gruppe von Ausländern stellten. Handwerker sollten die meisten von ihnen in den künftigen Jahrzehnten bleiben, aber auch Kaufleute und Unternehmer siedelten sich an, und bei Hofe spielten deutschstämmige Adelige als Minister und Reformer immer wieder eine Rolle, nicht immer geschätzt. Am nachdrücklichsten war die Wirkung deutscher Wissenschaftler, die seit Peter dem Großen und der Gründung der Akademie der Wissenschaften in St. Petersburg gemeinsam mit ihren russischen Kollegen eine bestimmende Rolle in der geistigen Entwicklung des Landes spielten. Bis zum Ende des 18. Jahrhunderts, als die Periode der Aufklärung in Russland zu Ende ging, blieb auf diesem Gebiet die geistige und kulturelle Zusammenarbeit am ausgeprägtesten.

DIE GROSSE POLITIK DER ZARINNEN

Die Jahrzehnte der Frauenherrschaft in St. Petersburg hatten die Höfe der westeuropäischen Nachbarn zunächst reichlich mit Gerüchten und Skandalgeschichten versorgt. In Wahrheit aber trafen die Herrscherinnen große politische Entscheidungen, die das russische Reich stärkten und vergrößerten. Peter der Große hatte das Land ausgepowert zurückgelassen, erschöpft von seinen Siegen. Unter den Zarinnen Katharina I., Anna, Elisabeth und Katharina II.

wuchs Russlands militärische Macht nach Siegen über die Türken, die Preußen und die Schweden und im Herrschaftsgebiet im Kaukasus, an den Grenzen Persiens und in Zentralasien. Russland war eine gleichrangige Großmacht in Europa geworden und als Kolonialmacht eigener Art mit seinem Imperium zum Konkurrenten der Briten und Franzosen.

1748 beendete der Frieden von Aachen den österreichisch-spanischen Erbfolgekrieg, doch die Staaten Europas traten schon wieder mit gegensätzlichen außenpolitischen Zielen zum Machtkampf an. Preußen stand nach der Eroberung Schlesiens im Konflikt mit Österreich, das von Frankreich unterstützt wurde. England, dessen König zugleich auch Kurfürst von Hannover war, verbündete sich mit den Preußen gegen die Franzosen. Sollten die Franzosen Hannover angreifen, so hatten sich die Briten durch einen Vertrag mit dem Zarenhof die Hilfe russischer Truppen gesichert. Friedrich der Große von Preußen versuchte wiederum, sich durch einen Vertrag mit England gegen einen möglichen Angriff russischer Truppen abzusichern. Eine Reichsexekutionsarmee, bestehend aus Truppen kleinerer deutscher Fürstentümer und einem französischen Korps, trat an, um die Preußen für den Überfall auf Sachsen zu bestrafen. In Pommern eroberten die Russen Kolberg, und die Schweden griffen Preußen an, um ihre Machtposition an der Ostsee zurückzugewinnen. In diesem unübersichtlichen siebenjährigen Krieg besetzten die Russen Ostpreußen, zogen für kurze Zeit in Berlin ein, besiegten die preußischen Armeen bei Großjägersdorf und Kunersdorf, bis ihre schlecht ausgerüsteten Truppen und unerfahrenen Generäle bei Zorndorf geschlagen wurden.

Am Ende dieses Krieges waren Preußen wie auch seine westeuropäischen Gegner geschwächt und ausgeblutet, während Russland seine Macht nach Süden und Westen ausdehnen konnte. Einer der Zufälle im Zusammenspiel dynastischer Interessen half Friedrich dem Großen, dem preußischen König, am Ende dieses Krieges aus einer gefährlich verfahrenen Lage. Die Zarin Elisabeth

Die Versöhnung: König Adolf Friedrich von Schweden, König Friedrich II. von Preußen und Zar Peter III. von Russland, allegorisches Gemälde, 1762

hatte sich für Österreich als Koalitionspartner entschieden und diese Politik beim Kabinett und der Generalität durchgedrückt. Ihr Nachfolger Peter III., der Sohn ihrer Schwester Anna und des Herzogs von Holstein-Gottorp, war anders als seine Tante ein Bewunderer Friedrichs des Großen. Er drillte seine Soldaten nach preußischer Art und steckte sie in preußische Uniformen. Er hatte zum Ärger des Hofadels, während das Land mit Preußen im Krieg lag, öffentlich auf das Wohl des Königs von Preußen getrunken, der ihm ein Regiment verliehen hatte. Lieber als gegen Preußen wollte er einen Krieg gegen Dänemark führen, um Schleswig für seine holsteinischen Verwandten zu gewinnen. Mit 15 000 russischen Soldaten rettete Peter Friedrich den Großen vor einem Sieg der Franzosen und Österreicher und gab dem Krieg eine Wende, die die überraschten Zeitgenossen das «Mirakel des Hauses Brandenburg» nannten.

Manche Veränderungen nahmen wichtige Kreise am Hofe gegen ihn ein, die die Zeit der «Deutschenherrschaft», der Macht von

Biron, Münnich und Osterman nicht vergessen hatten. Sie hassten Peters deutschen Hochmut, mit dem er über Preußen und Russen urteilte. Auch seine Frau Katharina begann diesen an ihrem Mann zu hassen, zumal sie im Grafen Grigorij Orlow einen weit attraktiveren, politisch ambitionierten Geliebten gefunden hatte, der Adel und Garde für einen Staatsstreich gegen den «holsteinischen» Zaren zu gewinnen verstand.

DIE KÜNFTIGE ZARIN KATHARINA REIST NACH RUSSLAND

Diese Eroberung des Zarenthrons durch eine Frau wäre bemerkenswert genug gewesen, wenn sie ihrer Herkunft nach aus russischem Fürsten- oder Zarengeschlecht hervorgegangen wäre. Aber zu Hause hatte man sie in ihrem Kinderzimmer liebevoll «Figchen» gerufen, Sophie Auguste Friederike von Anhalt-Zerbst war die Tochter eines Fürsten von Anhalt-Zerbst, der es als preußischer General zum Kommandanten der Festung Stettin gebracht hatte. In der Provinzstadt erzogen sie eine gescheite französische Gouvernante und ein bärbeißiger protestantischer Pastor.

Das Leben als Tochter eines preußischen Festungskommandanten und deutschen Miniaturfürsten war nicht von Reichtum und höfischem Glanz geprägt, sondern eher von Sparsamkeit und Langeweile. Ihre Mutter war eine umtriebige Frau, die verwandtschaftliche und persönliche Bindungen für den Aufstieg ihrer Tochter nutzte. Johanna Elisabeth von Holstein-Gottorp war eine Enkelin des dänischen Königs Friedrich III., die mit 15 Jahren auf Vermittlung des preußischen Königs mit dem Stadtkommandanten von Stettin verheiratet worden war. Es war nicht die Zeit der Liebesehen und Johanna war entschlossen, auch ihre Tochter in jenen Manövern einzusetzen, die der Zement der Koalitionsgebäude zwischen den Herrscherhäusern war. Aussichtsreiche Anwärter für die Throne von Dänemark, Schweden oder Braunschweig standen auf ihrer Liste. Johanna vergaß darüber nicht, ihre Beziehungen zur Zarin Elisabeth mit einiger Regelmäßigkeit zu pflegen. Immerhin war die Zarin einmal für kurze Zeit mit Johannas Bruder verlobt gewesen. Ziemlich früh also konnte sich das Mädchen Sophie mit dem Gedanken beschäftigen, den späteren Peter III. zu heiraten und Kaiserin von Russland zu werden. Nun lud die Zarin 1744 in einem langen Brief die Mutter und die Tochter, von der sie «erfreuliches gehört habe», nach St. Petersburg ein. Die Zarin hatte dem Brief eine Zahlungsanweisung beifügen lassen, die die Reisekosten deckte, und dazu eine Bedingung gestellt: Seine Hoheit der Fürst, dieser raubeinige lutheranische Soldat, solle unter keinen Umständen an der Reise teilnehmen.

So fuhren Mutter und Tochter nach Berlin, wo Friedrich II., gerade drei Jahre auf dem Thron, mit der Reise zum Zarenhof hoch zufrieden war. Er selbst hatte ein Portrait der jungen Sophie an die Zarin Elisabeth übersenden lassen, und eine Hochzeit zwischen dem Zarensohn und der jungen Sophie passte gut in seine Pläne.

Johanna und Figchen waren in zwei Wagen mit drei Dienern, einer Gesellschafterin und einem Koch in Richtung Osten aufgebrochen. Drei Wochen dauerte die Fahrt durch Pommern und Ostpreußen, bis sie über schlechte Straßen und nach Nächten in ärmlichen Unterkünften die Grenze des russischen Reiches bei Riga erreichten. Dort aber wartete eine große Reitereskorte auf sie und ein von sechs Pferden gezogener Schlitten. Es war der Reiseschlitten der Zarin selbst, ein Transportmittel von in Preußen unbekannter Bequemlichkeit: Breite Betten, Schränke, ein mit Bettpolstern und Teppichen ausgelegter Boden und Glasfenster, die den Schlitten zu einem bequemen Holzhaus auf Kufen machten. Der Empfang beeindruckte die beiden deutschen Damen.

Eine Woche später erreichte der Luxusschlitten St. Petersburg. Das war eine noch junge Stadt, aber schon doppelt so groß wie Berlin, die größte Stadt, die Sophie kannte, und unvergleichlich prunkvoller und reicher mit glänzenden Paraden, Schlittenrennen und dem Aufmarsch von einem Dutzend dressierter Elefanten, die der persische Schah der Kaiserin geschenkt hatte. Sophie, so schrieb ihre Mutter an König Friedrich über die beschwerliche Reise ins Ungewisse, sei wie ein junger Soldat: Sie spotte der Gefahr, die sie nicht kenne, und genieße den Glanz, der sie umgebe.

Die Reise war noch nicht zu Ende. Erst zwei Tage später hatten ihre Schlitten sie nach Moskau gebracht, wo die Kaiserin Elisabeth selbst ihr einen prunkvollen Empfang bereitete – einem 15-jährigen Mädchen, das eine klare Vorstellung von einer Zukunft auf dem russischen Thron hatte.

Sie sei entschlossen gewesen, alles zu tun, was ihr den Weg auf den Thron öffnen könne, schrieb sie später in ihren Memoiren. Sie lernte unablässig russisch. Sie pflegte ihr Verhältnis zur Zarin Elisabeth, die inzwischen ihre Mutter Johanna in herzlicher Abneigung des Reiches verwiesen hatte. Sie nahm den Glauben der russisch-orthodoxen Kirche und den russischen Namen Jekatarina an, weil dies die Voraussetzung für Verlobung und Ehe mit Großherzog Peter war und ihr den Weg zum Thron öffnete. Die Ehe mit dem Zarensohn aber dauerte 16 Jahre und war eine einzige Katastrophe. An allen Höfen Europas gingen Skandalgerüchte um: Der Zarewitsch sei ein impotenter Säufer gewesen und habe die Ehe nicht vollziehen können. Katharina selber wurde ein lockerer Umgang mit Soldaten, Offizieren und hohen Staatsmännern nachgesagt, zu Recht, obwohl die Zahl ihrer Geliebten wohl vom Hofklatsch übertrieben wurde. Es waren hoch angesehene Männer darunter, die Russlands künftige Politik formen sollten. Katharina nutzte die tote Zeit ihres ersten Ehejahrzehnts, um die Werke der französischen Aufklärer mit Begeisterung zu studieren, mit den großen Geistern Frankreichs zu korrespondieren, und verfasste mit der französisch geschriebenen «Instruction», ähnlich wie es Friedrich II. getan hatte, ein Bekenntnis zu Moral, Tugend und Aufklärung. Der künftige Zar Peter machte sich in seiner Schwärmerei für Preußen und die Deutschen gerade unter den russischen Adeligen, zu denen Katharinas Geliebte gehörten, verhasst. Katharina, die das Russische bis zu ihrem Tode teils mit deutschem, mehr aber mit französischem Akzent sprach, setzte sich von der Deutschen-Verehrung ihres Mannes bewusst ab. Sie sprach russisch, betete russisch und betonte bei jeder Gelegenheit ihre Verbindung zu Russland. Der Zarensohn hatte sich eine persönliche Leibgarde aus Holsteinern zugelegt. Katharina hob ihre Verbindung zu den russischen Gardisten hervor. In ihren Memoiren hält sie später die Äußerung eines russischen Soldaten fest, der geschimpft habe: «So sind wir also die Lakaien dieser verfluchten Deutschen geworden.» Zu diesen verfluchten Deutschen wollte Katharina nicht gehören.

DIE GROSSE KATHARINA

Mit dem russischen Staat freilich konnte sie sich besser identifizieren als mit der russischen Lebensweise und deren alten Sitten und Umgangsformen. Mit Deutschen schien sie nach ihren Erfahrungen in Kleinstaaten und Provinzen nicht viel zu verbinden. Ihre Briefe, moralische Auslassungen und Komödien schrieb sie auf Russisch, das sie freilich vor der Veröffentlichung korrigieren lassen musste. Eine der Figuren aus ihren moralisierenden Farcen beschrieb sie in einem Brief an Voltaire: Der «Baron von Donnerschlag» ist ein Angeber und Maulheld, der ständig seine deutsche Heimat und seinen adeligen Stammbaum lobend im Munde führt. Was sich in dieser Zeit in Deutschland und Russland als Nationalgefühl zu entwickeln begann, blieb ihr fremd. Nach Art ihrer Zeit war sie zugleich eine kosmopolitische Anhängerin der Aufklärung, die eine rationale menschenwürdige Außen- und Gesellschaftspolitik durchsetzen wollte, und eine zukünftige Alleinherrscherin, die Gefühle der Fremdenfeindlichkeit kühl überlegend für ihre Politik nutzbar machte.

Ihr Mann, Peter III., der nach dem Tod seiner Mutter den Thron bestieg, hatte sich durch seine engen Verbindungen zu Preußen und Holstein am Hof in St. Petersburg unbeliebt gemacht. Mit seinen holsteinischen Höflingen zog er sich aus seinem Winterpalais in das Schloss Oranienbaum außerhalb von St. Petersburg zurück.

Katharina die Große als Gesetzgeberin
im Tempel der Göttin der Gerechtigkeit,
Gemälde von Dmitrij Levickij

Am 13. Juli 1762, ein halbes Jahr nach dem Tode seiner Mutter, organisierten Grigorij Orlow, der Geliebte der Zarin, und seine Brüder mit ihren Kameraden von der Leibgarde den Putsch. Sie ritten mit der Zarin Katharina zu den Garderegimentern und warben um deren Unterstützung. Noch ehe Peter III. tot war, ermordet vom jüngeren Bruder des Grafen Orlow, ließ sich Katharina vom Metropoliten der orthodoxen Kirche als Alleinherrscherin segnen und von Offizieren, Soldaten und Bürgern in St. Petersburg feiern.

34 Jahre lang blieb Katharina an der Macht. Nur Iwan der Schreckliche und Peter der Große (und, wie manche Russen meinen, Stalin) haben die Macht und die Grenzen des russischen Reiches in ähnlicher Weise vergrößert und erweitert, ohne freilich wie Katharina ein Staatswesen auf sicheren Füßen zu hinterlassen. Sie war keine Abenteuerin auf dem Thron und keine schwache, von Höflingen gelenkte Frau; sie war eine durchaus einmalige Erscheinung mit deutschen Wurzeln, französischer Bildung und russischem Patriotismus, der sie gegen alle Konspirationen der Hofkamarilla bei Armee und Volk glaubwürdig bleiben ließ. Sie machte Russland zur europäischen Großmacht. Zweimal besiegten ihre Heere das Osmanische Reich und zwangen den Sultan zum Verzicht auf große Gebiete am Schwarzen Meer, auf der Krim, im Kaukasus und in der südlichen Ukraine. Die Ansiedlung einer russlandtreuen Bevölkerung in den dünn besiedelten Randgebieten des Osmanischen Reiches stärkte den russischen Staat im Süden. Ihre Statthalter gründeten künftige Handelsstädte wie Odessa, Dörfer und landwirtschaftliche Kolonien, sie unterwarfen Steppen und Bergvölker. Kosakensiedlungen schoben die Grenzen nach Sibirien und Zentralasien vor.

Noch bedeutender waren die Erfolge, die sie in Auseinandersetzungen mit den Nachbarn im Westen und Norden erreichte. Preußen, Österreich und Russland rangen um die Vormacht und Gebietsgewinne in Polen, das mit allen drei Mächten gemeinsame Grenzen hatte. In den andauernden Streit des polnischen Adels um die Herrschaft mischte sich Katharina die Große ein, indem sie einem früheren Liebhaber, Stanisław Poniatowski, auf den polnischen Thron geholfen hatte. Die wachsende Macht des polnischen Nachbarn und später ein mögliches Überspringen demokratisch-revolutionären Denkens aus Frankreich über Polen nach Russland beunruhigten sie. Mit dem preußischen König Friedrich dem Großen betrieb sie die Annexion von Gebieten und schließlich die völlige Aufteilung Polens zwischen Russland, Österreich und Preußen. In ihrer Herrschaftszeit gelang es ihr, das Staatsgebiet des Zarenreiches um eine halbe Million Quadratkilometer zu vergrößern. Damit stieg auch ihr Ansehen im westlichen Europa. Ihr Land lag nicht mehr fernab am unwirtlichen rauen Ostende der europäischen Welt. In ihrer Herrschaftszeit hatte sie Russland zum einflussreichen politischen Vermittler in Krisen und Machtkämpfen zwischen den europäischen Mächten gemacht, der etwa im bayerischen Erbfolgekrieg als Vermittler zwischen Preußen und Österreich auftreten konnte.

In St. Petersburg saß eine Zarin auf dem Thron, die die Vorstellung Peters des Großen, Russland die Fenster nach Europa zu öffnen, konsequent zu verwirklichen suchte. Die Idee von Aufklärung, Gleichberechtigung und Freiheit ihrer Untertanen hatte sie in langen und anregenden Korrespondenzen mit französischen und auch deutschen Intellektuellen begeistert aufgenommen. 15 Jahre war sie Voltaire in einem inspirierenden Briefwechsel verbunden, führende Wirtschaftswissenschaftler Englands und Frankreichs gehörten der Freien Ökonomischen Gesellschaft an, die die Zarin in St. Petersburg gründen ließ. Sie holte Physiker und Philosophen aus Berlin an die Petersburger Akademie. Die Liebe zu Kunst und Prunk verband sich und führte zur Gründung des ersten russischen Opernhauses. Die Reformen kamen von oben. Sie folgten dem Willen und den Worten der Herrscherin, die kritische Hinweise auf Missstände nur gelegentlich duldete. Die ungeschönte Darstellung des russischen Landes, wie sie Alexander

Radischtschew vom Leben zwischen Petersburg und Moskau 1790 veröffentlicht hatte, bestrafte sie mit seiner Verbannung. Tatsächlich gehörte die staatliche Kontrolle über alle Veröffentlichungen, eine starke Zensurbehörde, zu den Neuerungen, die die Selbstherrscherin einführte.

Die Umsetzung von Freiheit und Gleichheit in eine Staatsverfassung fand wenig Unterstützung in der russischen Gesellschaft, und Katharina selbst verzichtete auf die Verwirklichung solcher Pläne. Ein letzter großer Bauern- und Kosakenaufstand 1773/74, angeführt von Jemeljan Pugatschow, verwüstete riesige Landstriche im Süden Russlands, aber nach zwei Jahren hatte Katharina gesiegt. Noch einmal verstärkte sie die Privilegien des Adels und gab den Gutsherren die volle Verfügungsgewalt über die leibeigenen Bauern. Sie schenkte ihren hohen Beamten, Günstlingen und Liebhabern 850 000 Seelen, also leibeigene Landarbeiter, die nun völlig den neuen Herren ausgeliefert waren.

Schon im zweiten Jahr ihrer Herrschaft sandte die Zarin Katharina russische Werber in die Nachbarländer aus, um für die weiten Steppen im neu eroberten Süden und Südosten Bauern und auch Handwerker anzuwerben. Bedrängte orthodoxe Christen aus den osmanisch beherrschten Gebieten des Balkans und des Kaukasus folgten ihrem Ruf als Erste. Aber was sie versprach, war auch für deutsche Bauern in jener Zeit höchst wünschenswert und schien schwer erreichbar: die Befreiung von erdrückenden Steuern und Abgaben, die Befreiung vom Militärdienst, die freie Religionsausübung und Land zum «unantastbaren und erblichen Besitz auf ewige Zeiten». In ihrer Heimat, zumeist in Fürstentümern Süd- und Südwestdeutschlands, lebten die Bauern in einer für fast alle Teile Deutschlands gewöhnlichen Armut und Unfreiheit. Fürsten verkauften ihre Untertanen an fremde Heere, belegten sie nach Belieben mit Abgaben, verfolgten die Angehörigen von Religionsgemeinschaften wie die Mennoniten und enteigneten sie, wenn sie Geld brauchten.

Die Lage der russischen Bauern, immer tiefer in die Leibeigenschaft gestoßen, war natürlich nicht besser als die der Bauern in Deutschland. Aber die Zarin sicherte den Kolonisten Vergünstigungen zu, die die angebotene neue Heimat als geradezu paradiesisch erscheinen ließ: Ihre Werber versprachen ein Klima wie das von Lyon in Frankreich, fruchtbaren Boden, schnelle und starke Pferde, preiswertes Vieh und vor allem Freiheit von Militärdienst und hohen Steuern. Es war ein idealisiertes Russlandbild, mit dem die Werber den in Westeuropa verbreiteten Vorstellungen von einem barbarischen Russland entgegenwirken wollten.

Mit dem ersten Schub wanderten 8000 deutsche Familien in ein Gebiet an der mittleren Wolga ein. Die Lebens- und Arbeitsbedingungen waren hart, das Klima rau, und nicht alles, was den Zuwanderern versprochen worden war, wurde von den örtlichen Behörden und Grundherrn gehalten. Aber erst als Jahrzehnte später, nachdem schon Zehntausende Bauern aus Deutschland nachgezogen waren, die versprochenen Privilegien nicht mehr galten oder abgeschafft wurden, zogen größere Gruppen von Kolonisten aus ihren russischen Wohngebieten weiter. Bezeichnenderweise gingen die meisten nicht nach Deutschland zurück, sondern wandten sich oft auf schwierigen Wegen durch Sibirien nach Nord- und Südamerika.

Die Russland-Deutschen blieben Bauern in dörflichen Kolonien. Sie bewahrten ihre eigene bäuerliche Kultur, sie hatten ein einfaches, aber ordentliches Schulwesen aufgebaut. Aber weder mit Russen noch mit den Deutschen, die in den Städten ansässig waren, hatte ihre Lebensart viel gemeinsam. So fern sie vom neuen Leben in den russischen Städten waren, so weit weg war auch die alte Heimat in Deutschland, die die Erfahrungen der Russland-Deutschen kaum zur Kenntnis nahm.

Westeuropa hatte lange mit dem Bild eines rückständigen Russland gelebt. Zur Zeit Peters des Großen hatte Leibniz geglaubt, ein absoluter Herrscher und seine aufgeklärten Helfer könnten es «debarbarisieren» oder «cultivieren». Dann war die Zarin Katharina zur großen Hoffnung der zweiten Aufklärer-Generation geworden. Wieder sah der Westen Russland als eine Tabula rasa, auf der eine der Aufklärung verschriebene deutsche Alleinherrscherin die Ideen der neuen Zeit verwirklichen könne, ohne auf alte Traditionen und Institutionen Rücksicht nehmen zu müssen. Das weite Russland schien westlichen Reformern geradezu danach zu lechzen, aus der Hand der Zarin ein Gesetzeswerk anzunehmen, das die Ideale einer menschenwürdigen Gesellschaft verwirkliche, die in Westeuropa am Starrsinn der Monarchen und Fürsten und ihrer Hofschranzen gescheitert waren. Sie übersahen zweierlei: Dass die Hauptstadt St. Petersburg bei aller Modernität auf dem breiten Sockel eines riesigen, schwer zu bewegenden Landes stand und dass die bewunderte Reformerin Katharina begonnen hatte, aus der Begegnung mit der russischen Wirklichkeit Lehren für ihre Politik zu ziehen. Wie bei den Herrschern in Preußen und anderen Ländern Deutschlands war auch bei Katharina der Großen das intellektuelle Vergnügen der Aufklärungs-Diskussion vor den Erfahrungen des praktischen Regierens und der Auseinandersetzung mit eigenen Staatsbürgern und benachbarten Mächten verblasst.

3

FEINDE UND WAFFENBRÜDER – FRANKREICH, PREUSSEN UND DIE NEUE GROSSMACHT RUSSLAND

Kaiserin Katharina hatte gehofft, ihrem Sohn ein noch größeres, weltumspannendes Reich zu hinterlassen als das Land zwischen Kaukasus und Eismeer, Polen und Alaska. Wäre es nach ihr gegangen, so hätten ihre Feldherrn sich mit einer russischen Armee nach Indien aufgemacht und im Mittelmeer die Insel Malta mit der Festung der Malteserritter zu einem russischen Flottenstützpunkt gemacht. Die Zeit solcher Weltmachtträume war bereits vorbei, als ihr Sohn Paul 1796 am Tag ihres Todes den Thron bestieg. Der Zar aus dem Hause Schleswig-Holstein-Gottorp hatte in seiner Jugend gerne Soldaten in preußischen Uniformen exerzieren lassen. Die Abneigung gegen die Französische Revolution, deren Übergreifen auf Polen und auf sein eigenes Reich er fürchtete, führte dazu, dass er seine Rolle als Alleinherrscher noch stärker hervorhob. Er verbot alle geistigen und politischen Verbindungen zu Westeuropa, eine verschärfte Zensur verhinderte selbst die Einfuhr ausländischer Bücher. Wer sich nach französischer Art kleidete, galt als verdächtiger Revolutionär.

Zar Paul war ein schwieriger, unberechenbarer Mann. Sein Vater war von einer Offiziersverschwörung abgesetzt und ermordet worden, durchaus mit Zustimmung seiner Mutter. So beobachtete er die Mutter auf dem Thron mit Furcht, vielleicht Hass. Sein Gefühl, dass auch auf ihn Verschwörer lauerten, machte ihn zu einem misstrauischen Herrscher, der seine Entscheidungen nicht ankündigte und Erklärungen unnötig fand. Gegen die Französische

Revolution verbündete er sich mit Österreich und England und sandte eine Armee hinter Marschall Suworow nach Italien, um die französischen Truppen zurückzuschlagen. Aber die Begegnung mit dem Ersten Konsul Frankreichs, Napoleon, veränderte Pauls Weltbild vollkommen: Er traf keinen Revolutionär, keinen Sansculotten, der alle Ordnung umzustürzen entschlossen war, sondern einen klugen, höflichen General, der ihn aufs Angenehmste beeindruckte. Ohne Ankündigung änderte er den Kurs der Außenpolitik: Vom Bündnis mit England und Österreich gegen Frankreich wechselte er zum Bündnis mit Napoleon. Er holte die alten Pläne seiner Mutter wieder heraus und schien die Eroberung Indiens, Tibets und der Mittelmeerinsel Malta vorzubereiten – fast so etwas wie eine Kriegserklärung an England. Das Ende seiner Herrschaft kam, als eine Offiziersverschwörung in seine Wohnung in der düsteren Michaelsfestung eindrang und ihn nach kurzem Kampf mit einer Offiziersschärpe erdrosselte.

ZAR ALEXANDER: ZWISCHEN AUFKLÄRUNG UND WIRKLICHKEIT

Es war das Jahr 1801, und die Ermordung zog einen Schlussstrich unter die Unruhen, Wirren und blutigen Verschwörungen, die die Entstehung des großen russischen Reiches geprägt hatten. Paul I. starb als letzter in der langen Reihe der von Verschwörern und Verwandten gestürzten und ermordeten Herrscher und Prätendenten. Sein Sohn Alexander, der nun den Thron bestieg, wurde in Moskau und St. Petersburg bejubelt und litt doch sein Leben lang darunter, von der Verschwörung gegen seinen Vater – wenn auch vielleicht nicht von der geplanten Ermordung – gewusst zu haben.

Alexander wollte als Zar an liberale, aufgeklärte Reformen aus der Zeit seiner Großmutter anknüpfen. Mit Beratern und Freunden begann er eine Verfassung vorzubereiten, die Russland in eine Art konstitutionelle Monarchie nach dem Beispiel Englands mit einer gesetzgebenden Ständeversammlung verwandeln sollte. Er versuchte das Los der Leibeigenen zu erleichtern, den Zwangsdienst im Militär abzuschaffen, Gefangene seines Vaters freizulassen und das Niveau der öffentlichen politischen Diskussion durch Abschaffung der Pressefreiheit anzuheben. Aber er war kein Mann, der sich zielstrebig gegen die Widerstände in der russischen Gesellschaft durchsetzen konnte. Ähnlich wie zur Zeit seiner Großmutter entsprach die Wirklichkeit seiner Herrschaft nicht den verkündeten, aufgeklärten Grundsätzen des neuen Zaren. Die Verfassung, die er im ersten Jahr seiner Herrschaft in Auftrag gab, hat er bis zu seinem Tode nicht unterzeichnet. Vielleicht erkannte er, als er sich so eindeutig auf das Recht des Alleinherrschers berief, dass er in seinem Lande mit einer von den Ideen der Aufklärung bestimmten Politik scheitern müsse.

SCHILLER AUF RUSSISCHEN BÜHNEN

Die einschneidenden Wechsel zwischen begrenzter Meinungsfreiheit und unbegrenzter Zensur prägten in Petersburg stets das geistige Klima. Die Beziehungen zu Deutschland waren davon im 18. Jahrhundert, in dem die Gedanken der französischen Aufklärung am Petersburger Hof die Gespräche beherrschten, am wenigsten betroffen. Die Wissenschaftler, Kaufleute und Handwerker, die seit Peter dem Großen und unter der Zarin Katharina in großer Zahl nach Russland gekommen waren, und die Gesandten der deutschen Fürstentümer beteiligten sich kaum an den geistigen und politischen Auseinandersetzungen. Für sie gab es nun in St. Petersburg ein deutsches Theater, an dem Stücke von Lessing, Goethe und Schiller aufgeführt wurden. Oft waren es deutsche Schauspielertruppen, deren Stars auch in der russischen Hauptstadt gefeiert wurden. Nur in wenigen Fällen kamen besonders erfolgreiche Dramen auch in die zwei russischsprachigen Theater der Hauptstadt. Zu den ersten deutschen Dramen, die nach Russland kamen, gehörten «Die Räuber» und «Kabale und Liebe», die nicht zuerst in St. Petersburg, sondern in Moskau zu sehen waren. Der junge Schiller hatte auf der Karlsschule in Württemberg einen russischen

Schulkameraden gehabt, den Grafen Nikolaj Scheremetjew. Er war der größte Großgrundbesitzer unter den reichen Adligen und hatte die Theaterleidenschaft von seinem Vater geerbt, der zu seiner Unterhaltung in den eigenen Schlössern drei Schauspielertruppen auftreten ließ, die er aus begabten Leibeigenen zusammengestellt hatte. Der junge Graf Scheremetjew hatte sich ein neues Theater in Moskau bauen lassen, seine Lieblingsschauspielerin geheiratet und sich dann seines ehemaligen Schulkameraden erinnert, der so aufregende Stücke geschrieben hatte. So spielten seine Leibeigenen «Die Räuber» vor dem Grafen und einem kleinen Kreis seiner Freunde – einer Adelsgesellschaft, die aus Schillers aufrührerischen Texten keine unerwünschten Schlüsse ziehen würde. In der Hauptstadt St. Petersburg gefielen Schillers Werke weniger. «Die Räuber» durften nur stark zensiert im Deutschen Theater aufgeführt werden, und «Don Carlos» wurde gleich vollständig verboten. Im Schloss des Thronfolgers durfte immerhin der erste Akt des «Don Carlos» von einer Truppe deutscher Schauspieler auf die Bühne gebracht werden.

An den Universitäten und bei der entstehenden gebildeten Schicht, die man die «Intelligenzija» nannte, wurde Schiller der Dichter der Freiheit. Seine Werke mussten immer wieder bei der russischen Zensurbehörde durchgekämpft werden. Bis 1830 gab es ziemlich viel Schiller zu lesen, dann folgte ein Jahrzehnt fast völliger Unterdrückung durch die Zensur, während 1840 bis etwa 1870 mehr russische und deutsche Dichter – und auch die Werke Schillers – gedruckt und gelesen werden durften.

Wer allerdings das Missfallen der Zensoren erregt hatte, blieb lange als Verdächtiger auf der schwarzen Liste. Goethe, weit weniger aufrührerisch als Schiller, brauchte Jahrzehnte, ehe die Zensoren die letzten seiner Werke freigaben. «Wilhelm Meisters Lehrjahre» hat am meisten Anstoß erregt, etwa mit der Frage «Wer verbietet Dir, wenn Du in einer Umarmung des Einen bist, an einen Anderen zu denken?». Das, urteilte der Zensor, wirke unanständig und verführerisch auf die Jungfrauen und Frauen. Auch «Reineke Fuchs» wurde von der Zensur gesperrt. Die erste Faust-Übersetzung überwachte und korrigierte Alexander Puschkin selbst. Der Zensor bestand darauf, im Text über vierzig Stellen zu verändern. Den «Prolog im Himmel» ließ er gleich ganz streichen. Dreißig Jahre nachdem das Drama in Deutschland erschienen war, konnte es schließlich in zensierter Fassung auch in Russland gelesen werden. Mit «Egmont» hatte Goethe weniger Glück. Das Stück blieb ganz verboten.

Der wirkliche Erfolgsautor im Kulturaustausch dieser Periode war August von Kotzebue, der in Weimar groß geworden und auf einflussreiche Empfehlungen zu einer beachtlichen Karriere nach St. Petersburg gekommen war. Erst waren es seine Romane, die ihn berühmt machten, und dann über zweihundert Theaterstücke, mit denen er in St. Petersburg und Wien, am wenigsten allerdings bei Goethe in Weimar reüssierte. Auf einer Reise von Deutschland nach St. Petersburg wurde er trotzdem unerwartet an der Grenze festgenommen und nach Sibirien verbracht. Aber er hatte ein so schönes Stück – «Der alte Leibkutscher des Großen Peter» – geschrieben, dass der gerührte Zar ihn aus Sibirien zurückholen ließ. Kotzebue bekam ein Gut in Livland geschenkt und wurde Direktor des Deutschen Theaters in St. Petersburg. Was er dann schrieb, erfreute sich in der russischen Gesellschaft hoher Beliebtheit: satirische Glossen und Artikel über Kaiser Napoleon. Er war ein Propagandist der politischen Reaktion geworden, als ihn 1819 ein deutscher Student, Karl Ludwig Sand, erdolchte.

WANDEL DER KULTURBEZIEHUNGEN

Inzwischen ging die Zeit vorbei, in der fast nur das höfische Leben der Boden kultureller Begegnungen war. Junge Offiziere hatten im Krieg gegen Napoleon die deutsche Sprache gelernt und Bücher mit zurückgebracht. Eine neue Studentengeneration, für die die Sprache keine Barriere war, entdeckte nun zu Beginn des 19. Jahrhunderts ihre Begeisterung für deutsche Schriftsteller. Ihnen konnte die Zensur den Zugang nicht mehr abschneiden. Von Lessing über Goethe und besonders Schiller zu Heine führte die Entdeckung ausländischer und zumal deutscher Literatur, ebenso wie zu den Philosophen Kant, Schelling, Hegel, Fichte und dann weiter zu Feuerbach, Engels und Marx. Westler wie Slawophile lasen sie mit Erregung oder Begeisterung. Das Goldene Zeitalter der russischen Literatur hatte begonnen. Für junge Russen war nun Puschkin der Dichter der Freiheit, wie es Schiller eine Generation zuvor gewesen war. Seine Werke behandelten nicht mehr die Themen des deutschen und französischen Barock oder Figuren der klassischen griechischen Mythologie. Selbst in seinen Versdichtungen hob er Themen des russischen Alltags hervor, in einer Sprache, die nicht mehr das steife gelehrte Kirchenslawisch war, sondern das gesprochene Russisch der Menschen, unter denen er lebte. Gedichte, in denen er über die Leibeigenschaft und die Ungerechtigkeit der zeitgenössischen Gesellschaft schrieb, alarmierten die politische Polizei. Puschkin wurde zur Armee im Süden Russlands ins Exil geschickt und durfte erst nach einigen Jahren auf das Gut seiner Mutter zurückkehren. Dann wurde er erneut unter Hausarrest gestellt, weil die Geheimpolizei in einem seiner Briefe Anzeichen atheistischer Überzeugungen gefunden zu haben glaubte. Freunde seiner Familie und ältere Dichter setzten sich bei Zar Nikolaus für ihn ein und verschafften ihm die Erlaubnis, in Twer, auf halbem Wege zwischen Moskau und St. Petersburg, zu leben. All seine Werke allerdings sollten zukünftig vom Zaren persönlich zensiert oder freigegeben werden – schwierig genug, denn nach Geschmack und politischer Überzeugung hatten der Dichter und sein kaiserlicher Zensor fast nichts gemeinsam. Alles in allem war die zaristische Zensur manchmal härter, manchmal durchlässiger als das in den meisten deutschen Staaten geltende Kontrollsystem des österreichischen Kanzlers Metternich.

Nach dieser Zeit waren es nicht mehr ausländische Vorbilder,

Wilhelm und seine Frau, die schöne Königin Luise, empfand. Das Bündnis zwischen dem preußischen König und dem russischen Zaren aber blieb schwach und wenig nützlich: Napoleons Generale schlugen die russische Armee bei Friedland, und Preußen war zu schwach, um Russland unterstützen zu können.

Während Alexander I. noch das russische Volk zu einem Heiligen Krieg gegen Napoleon, den Erzfeind des wahren christlichen Glaubens, aufrief, traten einflussreiche Kreise in St. Petersburg schon für einen Friedensschluss ein. Als der russische Zar dem französischen Kaiser begegnete, war auch er beeindruckt. Die Herrscher kamen im Niemandsland zusammen, auf einem Floß in der Mitte des Memelflusses, wo die Grenze zwischen Preußen und Russland verlief und nun die neue Grenze zwischen Russland und Frankreich zu entstehen schien.

Napoleon verstand es, den Zaren für sich einzunehmen. Er behandelte ihn nicht als Geschlagenen, sondern als Partner seiner Politik. Er erhob keine demütigenden Forderungen gegen den Verlierer der letzten Feldzüge. Es war die Persönlichkeit Napoleons, die den russischen Zaren begeisterte, und wohl auch die Perspektive, die Napoleon dem Zaren entwarf: Die Teilung der Weltherrschaft zwischen Frankreich und Russland, eine Aussicht, die dem Romantiker Alexander I. außerordentlich schmeichelte. Russland durfte sogar sein Territorium um Finnland und Bessarabien vergrößern und auf Frankreichs Unterstützung für neue Eroberungen hoffen.

Zar Alexander versuchte zwar, den preußischen König vor großer Demütigung und noch größerem Machtverlust zu bewahren, aber die Feindschaft zwischen Napoleon und Friedrich Wilhelm war unüberbrückbar. Der König von Preußen schickte die letzte Waffe in die Schlacht: Königin Luise, die den französischen Kaiser Napoleon zuvor noch als Ungeheuer bezeichnet hatte. Nun war sie die liebenswürdige Königin, die wenigstens die Stadt Magdeburg und die Altmark für Preußen zurückzuerbitten versuchte. Vergebens.

Kurz nacheinander wurden zwischen Frankreich und Russland sowie Frankreich und Preußen zwei Verträge geschlossen, die Frankreichs Vorherrschaft in Europa sichern sollten. Preußen verlor alle seine Gebiete westlich der Elbe und auch einen großen Teil der Provinzen östlich der Elbe. Es bestand nun gerade noch aus Schlesien, Ostpreußen, dem Memelland und Brandenburg und war zu einem der deutschen Kleinstaaten geworden, ohne politisches Gewicht in Europa. Ohne die Hilfe Russlands hätte Napoleon Preußen noch weiter demontiert. Zar Alexander hatte sich dafür eingesetzt, dass sein Freund, der König von Preußen, einen Teil seines ostelbischen Territoriums behalten durfte – aus Freundschaft, aber auch, weil er das mächtige Frankreich nicht als direkten Nachbarn haben wollte. Sein Misstrauen gegen Napoleon und die französische Politik erwachte ohnehin bald wieder. Alexander I. befand nun, Napoleon sei kein wahrer Patriot, sondern der größte Tyrann der Welt und nicht wirklich zu einer Teilung der Weltherrschaft bereit. Napoleon behindere Russlands Feldzüge gegen das Osmanische Reich, versuche Russland in eine Konfrontation mit England zu drängen und aus Polen einen antirussischen Stützpunkt zu machen, vermutete der Zar. Schließlich sah der russische Alleinherrscher in Napoleon nur noch den Feind.

DER RUSSLANDFELDZUG

Als Napoleon im Sommer 1812 die Grande Armée in Russland einmarschieren ließ, rief Zar Alexander einen patriotischen Krieg zur Verteidigung der russischen Heimat aus. Der französische Kaiser hoffte, mit einem überwältigenden Angriff den Zaren dazu zu zwingen, um Frieden zu bitten und sich zu unterwerfen. Sein Heer war mit 600 000 Mann doppelt so stark wie die russische Armee. Eines freilich unterschied die beiden Heere grundsätzlich: Die reguläre Armee des Zaren bestand fast ausschließlich aus Russen und konnte auf die Unterstützung der Zivilbevölkerung rechnen. Die französische Armee bestand zum weitaus größten Teil aus Soldaten, die verschiedene Herrscher dem französischen Kaiser zur Verfügung stellten. In Dresden hatte Napoleon ein Schauspiel seiner Macht inszeniert, eine große Parade seiner Elitetruppen, an der der deutsche Kaiser, fünf Könige und viele Fürsten teilnahmen. Ungefähr die Hälfte der kaiserlichen Armee waren Österreicher, Preußen, Sachsen, Bayern, Württemberger und Mecklenburger; dazu Spanier, Italiener, Polen und Neapolitaner. Selbst in der kaiserlichen Kerntruppe stammte ein gutes Drittel der Soldaten aus Belgien und den Niederlanden. Die meisten von ihnen kamen widerwillig, von ihren Königen und Fürsten in die Grande Armée eingereiht. Ihre Kampfkraft sank schnell und dramatisch, als Napoleon unter schweren Verlusten den Rückzug aus dem brennenden Moskau antreten musste. Mehr als durch den gefürchteten russischen Winter, schrieb Carl von Clausewitz, ein Preuße, der als Stabschef eines russischen Korps am Krieg teilnahm, sei Napoleons Armee vom Anfang des Feldzugs an durch die Massendesertion und die Auflösungserscheinungen bei ganzen Truppenteilen geschwächt worden. Napoleons Armee hatte ein Drittel ihrer Stärke schon verloren, ehe sie Smolensk erreichte, und ein weiteres Drittel auf dem Wege nach Moskau – und zwar hauptsächlich durch Desertionen, urteilte der Mann, der später als strategischer Denker berühmt wurde. Auf dem Rückzug seien die fremden Soldaten dann von Bauern und anderen russischen Zivilisten ausgeplündert und totgeschlagen worden.

Preußische Reformer und deutsche Nationalisten nutzten den Kampf gegen Napoleons Herrschaft, um ihre Politik gegen die deutschen Fürsten durchzusetzen. Karl Freiherr vom Stein, der den preußischen Staat zu erneuern hoffte, hatte eine «Kaiserlich Russisch-Deutsche Legion» als Verband von Freiwilligen im Kampf gegen Napoleons Herrschaft in Deutschland vorgeschlagen, die er als möglichen Kern einer zukünftigen deutschen Nationalarmee verstand. Oberbefehlshaber der Legion war offiziell ein österreichischer Feldmarschall, der zugleich in russischen und englischen Diensten stand. Sein Stabschef aber wurde der preußische Reformer und Stratege Carl von Clausewitz. Der patriotische Schriftsteller und Philosoph Ernst Moritz Arndt schrieb für die Russisch-Deutsche Legion den «Kurzen Katechismus für deutsche Soldaten». Die meisten der preußischen Reformer, die ihren König vergeblich für eine Volkserhebung gegen Napoleon zu gewinnen versuchten, setzten auf Russlands Hilfe bei der Wiederherstellung des preußischen Staats.

Als der preußische König einen Vertrag mit Frankreich schloss und ein Hilfskorps für Napoleons Russlandfeldzug aufstellen ließ, kündigten ihm viele der Männer, die Preußen zu einem modernen Staat machen wollten, die Gefolgschaft auf. Die Kräfte der konservativen Reaktion in Preußen standen auf Seiten Napoleons. Die Reformer dagegen hofften, diesen mit russischer Hilfe aus Preußen und Deutschland zu vertreiben. Ihre achttausend Mann starke deutsche Legion kämpfte auf Seiten Russlands, während Einheiten der regulären preußischen Armee unter Napoleons Befehl auf Moskau marschierten. General von Gneisenau und Freiherr vom Stein berieten den Zaren politisch und militärisch. So gab es Preußen auf beiden Seiten der Front, und es zeigte sich später, dass manche von ihnen auf beiden Seiten kämpften. General Yorck von Wartenburg hatte in Ostpreußen jenes Korps aufgestellt, das mit Napoleon in Russland einmarschieren sollte. Aber als die ersten versprengten Soldaten der Grande Armée auf ihrem fluchtartigen Rückzug durch Ostpreußen kamen, war er es wiederum, der gegen den Willen seines Königs mit dem russischen General von Diebitsch, einem estländischen Ritter preußischer Herkunft, den Vertrag von Tauroggen unterzeichnete. Von nun an sollte die preußische Armee an der Seite der Russen gegen Napoleon kämpfen.

Napoleon war tief in Russland eingedrungen, ohne dass es ihm gelungen wäre, die russische Armee zu einer Vernichtungsschlacht zu stellen. Er zog mit geschwächten Truppen in Moskau ein, überzeugt, dass der Zar mit seiner Hauptstadt auch den Krieg verlieren werde. Er verstand die Denkweise des russischen Militärs nicht, deren Armeen in endlos weiten Räumen zwischen Rhein und Kaukasus, Italien und Finnland Siege und Niederlagen erlebt und überlebt hatten. Nun brannte die Hauptstadt des Zaren, und Napoleons Streitkräfte wussten nicht, wohin sie sich in den Ruinen wenden sollten. Von polnischen Soldaten erfuhren sie, dass einfache Bauern, ebenso wie Polizisten, leicht brennendes Material in die Häuser geschleppt und angezündet hatten. Napoleon konnte gar nicht glauben, dass die Russen ihr Land verteidigten, indem sie ihre Hauptstadt anzündeten.

Tatsächlich waren die großen Brände in Moskau das Signal für eine russische Volkserhebung, wie sie zweihundert Jahre zuvor schon einmal die Hauptstadt von fremder Herrschaft, von polnischen Eroberern, befreit hatte. Armee und Volk trieben Napoleon und seine Truppen nach Westen über die Grenzen zurück. Unter den Toten und Fliehenden waren Soldaten aus vielen deutschen Fürstentümern, deren Herrscher schon wieder den Wechsel der Fronten erwogen. Ihre Soldaten mussten den Rückzug der Grande Armée decken, wie das Badener Korps an der Beresina. Über 7000 Badener waren unter einem 20-jährigen, adeligen General aus Karlsruhe abmarschiert, 6000 waren gefallen, die übrigen waren nun Gefangene der Russen. Auch wenn das Zeitalter nationaler Auseinandersetzungen begonnen hatte, galten immer noch die Regeln der Fürstenherrschaft. Die gefangenen Badener konnten in Russland auf Hilfe rechnen, denn die Zarin Elisabeth, die Frau von Alexander I., war selber eine Badenerin, die Tochter des Großherzogs. Es schien ganz verständlich, dass sie für Landsleute, die auf der Seite des Feindes gekämpft hatten, wie eine Landesmutter eintrat. Ihre Schwester, die mit ihr in St. Petersburg lebte, verhalf den gefangenen Soldaten auf eigene Kosten zu Kleidung und Nahrung. Der Kommandeur der badischen Brigade war mit Napoleons Truppen in russische Gefangenschaft geraten. Nun wurde er schnell wieder Kommandant eines Korps, mit dem sein Großherzog gegen Napoleon kämpfen ließ.

In der großen Koalition früherer Verbündeter, die nun Napoleons Truppen nach Westen und über den Rhein trieb, waren fast alle deutschen Fürsten. Sie hatten die Front gewechselt, weil Russland zur stärksten Macht in Europa geworden war. Der wiederentdeckte Hass gegen Napoleon schlug sich im Gefühl der Waffenbruderschaft mit den russischen Befreiern nieder. Aber zugleich schienen die Kosaken auf den Champs-Élysées den deutschen Zeitgenossen doch als zweifelhafter Beweis für Russlands Größe. Die Deutschen und Österreicher erinnerten sich, wenn sie an Russland dachten, an die undisziplinierten Reiterverbände der Kosaken und Kalmücken und nicht an die Linienregimenter und ihre adeligen Offiziere, den Kern der russischen Armee. Zwar hatten die Russen den Sieg gesichert, aber das Bild des Rückständigen, des nicht ganz Zivilisierten, blieb in der Vorstellung der Deutschen bestehen. Das ist auch deshalb bemerkenswert, weil Zar Alexander I. zur gleichen Zeit den Europäern als eine glanzvolle, gebildete und kluge Persönlichkeit vor Augen stand, der die Herrscher Preußens, Österreichs, Bayerns oder Sachsens bei allen Verhandlungen über die Zukunft Europas überstrahlte. Der Zar lebte mit der großen Idee, die Fürsten, die Napoleon und den Geist der Französischen Revolution geschlagen hatten, seien nun auserwählt, Europa in einem heiligen, christlichen Bündnis zu regieren.

In seiner Jugend hatte er der orthodoxen Kirche und der Religion überhaupt ablehnend und gleichgültig gegenübergestanden. Wegen der Absetzung und Ermordung seines Vaters peinigten ihn Schuldgefühle und ließen ihn Halt in der Religion suchen. Als dann im Jahr 1812 das russische Reich vor dem Zusammenbruch stand und das brennende Moskau das Wunder der Wende brachte, wurde Alexander I. fromm, ohne in die orthodoxe Kirche zurückzukehren. Vielmehr begann er sich in die mystische Erweckungsgläubigkeit des evangelischen Pietismus einzuspinnen, der aus Deutschland zu ihm drang. Auf seinen Reisen zur Front oder zu Verhandlungen machte der Zar häufiger Station bei seinem Schwiegervater, dem

Großherzog von Baden, am liebsten in dessen Sommerresidenz Baden-Baden. Wo sich später die feine Gesellschaft Russlands zu Kuren und Bällen treffen sollte, entdeckte er die Gedankenwelt des evangelischen Pietismus, in deren mystischer Erweckungsgläubigkeit er Halt und Hoffnung suchte. Ein Berater des Großherzogs von Baden, Johann Heinrich Jung-Stilling, hatte in seinen in Deutschland weit verbreiteten Schriften auch die Erwartung beschrieben, die geistige Rettung Europas würde aus dem Osten kommen. In einem langen Gespräch sprach der Zar mit Jung-Stilling bei einem Besuch in Baden darüber, dass Russland am Ende der Zeiten der Hort aller frommen Christen sein werde. Eine baltische Baronin, Juliane von Krüdener, die nach einer abenteuerlichen Jugend zur protestantischen Pietistin geworden war, traf den Zaren in Baden am Hofe seines Schwiegervaters. Er betete mit ihr und lauschte ihren mystischen Vorhersagen über den himmlischen Auftrag der Herrscher. Die Baronin Krüdener beschwor ihre Hoffnung auf die baldige Wiederkehr Christi und erwartete das Heil aus dem Osten, von dort, wo auch das Reich des Zaren lag. Sie war dabei, als der Zar bei der Siegesparade in Paris das Ende Napoleons feierte. Orthodoxe, Protestanten und Katholiken sangen gemeinsam das «Te Deum» und Alexander nannte dies den schönsten Tag seines Lebens. Der Zar, der die orthodoxe Kirchendoktrin eher abstoßend fand, suchte in seinen Gesprächen in Deutschland nach einer konfessionsübergreifenden Religiosität, einer christlich-religiös geprägten Innen- und Außenpolitik.

DIE HEILIGE ALLIANZ UND DAS ENDE DER REFORMPOLITIK

So trieb Alexander I., die stärkste Persönlichkeit unter den drei Herrschern, die Gründung einer Heiligen Allianz voran, in der die Herrscher sich verpflichteten, über die Vernichtung Napoleons hinaus, ihre Völker im Geist und nach den Gesetzen des christlichen Glaubens zu regieren. Das bedeutete freilich die Wiederherstellung und Stärkung der Autokratie, der absoluten Selbstherrschaft der Kaiser und Könige, die der Zar in seinen ersten Regierungsjahren durch eine Reformpolitik aufzulösen versucht hatte. Nun stützte er die deutschen Herrscher, die ihren Völkern den demokratischen Geist auszutreiben versuchten. Die Heilige Allianz wurde zum Werkzeug des größten Manipulators einer Staatsphilosophie, die auf dem unumschränkten Recht gekrönter Herrscher beruhte, des Fürsten Metternich. Er war der eigentliche Herr der kaiserlich-österreichischen Politik und kenntnisreicher politischer Stratege des Wiener Kongresses und verstand es, die Unterordnung der Völker unter die Fürsten zum obersten Ziel der Heiligen Allianz zu machen. Alexanders Glaube an den christlichen Auftrag der Fürsten nutzte Metternich dazu, jeden Ansatz zu Selbst- und Mitbestimmung, jeden Drang nach freierer Erörterung und unzensierter Information gewaltsam zu unterdrücken. Alexander selbst sah darin das wichtigste Element der Allianz-Politik und die großen und kleinen Herrscher folgten ihm gern.

Damit war die Zeit der politischen Reformen wieder einmal abgelaufen. In Russland, wie in Preußen und in Österreich, wurden die Reformpolitiker aus der Politik gedrängt. Zum Anfang seiner Regierungszeit hatte Alexander mit seinen Beratern nach einer Erneuerung der russischen Institutionen gesucht und seine Ideen im Briefwechsel mit politischen Denkern Europas und Amerikas entwickelt. Russen wie Speranskij, Nowosilzew und Czartoryskij, die zu den besten Denkern in Moskau gehörten, hatten Vorschläge für ein künftiges Russland entwickelt, das nicht starr und bürokratisch von dem Beamtenheer in St. Petersburg aus kontrolliert und gelenkt wurde: ein föderatives System aus zwölf Provinzen, mit der Duma als einem Zweikammersystem, eine neue Verfassung für das russische Staatswesen sowie Verwaltungsstrukturen, die das inzwischen riesige Imperium regierbar und entwicklungsfähig machen sollten. Ob die Gouverneure der Provinzen wichtige Entscheidungen selbst treffen dürften oder ob sie nur von Beamten gelenkte und von Revisoren bespitzelte ausführende Organe des Beamtenapparates sein sollten, war eine Grundsatzfrage, von der nicht zuletzt die wirtschaftliche Entwicklungsfähigkeit von Handel und Industrie abhing. Aber die Tradition des Landes und das Machtinteresse des zentralen Apparates standen solchen Reformen im Wege, und das Idealbild des von Gott gewählten Alleinherrschers, zu dem der Zar nun zurückgefunden hatte, versperrte den Weg zur Reform des Staats und seiner Institutionen.

Der Zar, der selbst von seinen Beratern einen Verfassungsentwurf für Russland eingefordert hatte, ließ ihn bis an sein Lebensende ohne Unterschrift liegen – genau so, wie es die Reformer in Preußen mit ihrem König Friedrich Wilhelm erlebten. Das unvergleichlich größere Russland, das unter Zar Alexander noch weitere Ländereien und Provinzen dazugewonnen hatte und sich auf die Eroberung Zentralasiens vorbereitete, blieb unter seiner Alleinherrschaft des Zaren unreformiert und über Jahrzehnte hinweg unreformierbar. Nach außen wuchs das Imperium weiter, dehnte sich von Mitteleuropa bis an die Grenzen Chinas und bis Alaska aus, in seinem Inneren wurde es jedoch starrer und brüchiger.

MENSCHLICHKEIT, TYRANNEI, REBELLION

Während die politischen Reformen versandeten, entwickelte sich in der Oberschicht und den gebildeten Klassen ein neues Gesellschaftsgefühl, das vor den Unmenschlichkeiten der autoritären Herrschaft zurückschreckte. Die langen Züge der in Ketten gelegten Gefangenen, die nach Sibirien getrieben wurden, weckten Gefühle menschlicher Hilfsbereitschaft. Ein deutscher Arzt, Dr. Friedrich Haass, wurde für viele zu ihrem Sprecher und Helfer, als er das Los der Gefangenen wenigstens durch medizinische Hilfe zu lindern versuchte. Er war als junger Arzt in einem Moskauer Krankenhaus angestellt worden, hatte den Krieg gegen Napoleon als russischer Militärchirurg durchgestanden und gründete schließlich das Moskauer Komitee für Gefangenenhilfe, das den Menschen, die in die Verbannung getrieben wurden, mit medizinischer Hilfe auf ihrem schweren

Weg beistand. Dr. Haass verdiente sich den Namen des «Heiligen Doktors von Moskau», an dessen Grab 25 000 Menschen trauerten. Vielen blieb er lange ein Beispiel gemeinsamer Bemühungen von Russen und Deutschen um eine menschlichere Gesellschaft.

In den letzten Jahren seines Lebens erfuhr der Zar durch die Berichte seiner Geheimpolizei von der Unzufriedenheit und Ungeduld vieler jüngerer Offiziere mit den russischen Zuständen. Er ließ sie, die den Idealen seiner Jugend so nahe waren, zunächst gewähren, ohne hart einzugreifen. Diese Offiziere hatten Napoleons Armee bis nach Paris getrieben und dabei im Westen das Entstehen staatlicher und gesellschaftlicher Ordnungen erlebt, gegen die sich der Zar und die Regierung ihres Landes weiter mit allen Mitteln sperrten. Es war eine Generation, die sich auf den Universitäten an den politischen Werken der Aufklärer und Moralphilosophen gebildet hatte. Sie hatten Russland und Europa von dem Tyrannen Napoleon befreit und fanden zu Hause die unveränderte russische Tyrannei vor, meinten Hunderte von Offizieren besonders in den Eliteregimentern. In ihren Kasinos waren Leseclubs entstanden, in denen sie leidenschaftlich über die Aufhebung der Leibeigenschaft, die konstitutionelle Monarchie und, besonders im Süden Russlands, die Errichtung einer Republik diskutierten. Über zwei Dinge waren sie sich einig: Das alte System der Alleinherrschaft musste abgeschafft werden, und zwar auf dem Wege der Offiziersrevolte, denn die Volksmassen schienen ihnen nicht reif für eine Revolution.

In neu gewonnenen Gebieten des russischen Reichs, in Polen und Finnland, galten tatsächlich Verfassungen, die Züge einer konstitutionellen Monarchie trugen, wie sie der Alleinherrscher seinem eigentlichen Reich verweigerte. Schließlich war es die Starrheit der Alleinherrschaft, die das Land an den Rand des politischen Aufbegehrens führte. Längst hatten sich in St. Petersburg und in der Ukraine die Aktivisten geheimer Offiziersgesellschaften zusammengefunden – junge Männer, die begeistert Schiller deklamierten und über tiefe Veränderungen der Gesellschaft und sogar das Ende der Autokratie diskutierten. Klare Vorstellungen von einer Verfassung, der Auflösung der Leibeigenschaft oder neuen Institutionen hatten sie nicht, als sie die Nachricht vom unerwarteten Tod des Zaren in einer südrussischen Stadt erreichte. Sie hatten auf die Thronbesteigung des als aufgeklärt geltenden Zarewitsch Konstantin gehofft und erfuhren nun, dass die Macht dem jüngeren Zarensohn Nikolaus zufallen sollte, dessen autokratische, despotische Neigungen kein Geheimnis waren. Umso entschiedener forderten sie eine Verfassung, die der absoluten Macht des Zaren Grenzen setzen sollte.

Eine Gruppe von Offizieren marschierte mit 3000 Soldaten zum Senatsplatz in St. Petersburg, weigerte sich, den Eid auf den Zaren Nikolaus abzulegen, und forderte eine verfassungsmäßige Ordnung für Russland. Aber es war doch nur eine kleine Schar von Offizieren, die eine Konstitution forderten, und ihre Soldaten verstanden gar nicht, was diese Forderung bedeutete. Die Dekabristen, wie sie nach dem Zeitpunkt ihrer Rebellion im Dezember 1825 genannt wurden, gerieten in einige kurze Feuergefechte mit loyalen Truppen des Zaren. Es gab wenige Tote und Verletzte, bis der neue Zar den Senatsplatz mit Artillerie beschießen und die Protestierenden auseinandertreiben ließ. Der Dekabristenaufstand war gescheitert. Nur wenige Verschwörer konnten fliehen. 570 Offiziere wurden vor Gericht gestellt, ihre Führer auf der Peter-Pauls-Festung erhängt, über einhundert nach Sibirien verbannt, zur Zwangsarbeit verurteilt oder – wenn sie nicht Offiziere, sondern einfache Soldaten waren – von ihren Kameraden im Spießrutenlauf zu Tode geprügelt. Wieder war das Tor zu Europa und seinen politischen Veränderungen mit Gewalt geschlossen worden.

Ihr Aufstand hatte den starrköpfigen Zaren Nikolaus erst recht zum Gegner aller Lockerungen und Liberalisierungen gemacht. Von nun an misstraute er auch den jüngeren Adligen und Offizieren der Armee und verließ sich mehr denn je auf seine Geheimpolizei und den Beamtenapparat. Noch einmal wurden die Schrauben der Zensur fester gedreht, die Regierungskontrolle auf das gesamte öffentliche Leben ausgedehnt. Das Recht zum Studium im Ausland wurde eingeschränkt. Das russische Reich sollte, nach den kurzen Jahren europäischer Erfahrung im Bündnis gegen Napoleon, von westlichen Ideen abgeschnitten werden. Im Auftrag des Zaren entwarf der Erziehungsminister Sergej Uwarow, der zehn Jahre zuvor als Präsident der Akademie der Wissenschaften noch die Freiheit als beste Gabe Gottes gepriesen hatte, das Grundsatzprogramm einer russischen Ideologie, das den Wünschen des Zaren entsprach. «Autokratie, Orthodoxie und Volkstum» sollten die Leitbegriffe des russischen Lebens werden. Der Zar, vom Stammbaum her mehr Deutscher als Russe, war entschlossen, seine Herrschaft auf dem ungebrochenen Prinzip der absoluten Autokratie zu begründen und sein Reich nach der mythischen Vorstellung von einem schlichten, gläubigen russischen Volk zu formen. Er wollte Demokratie und Aufklärung einen Riegel vorschieben und setzte damit, ohne es zu wissen, eine geistige Auseinandersetzung in Gang, die Russlands Entwicklung entscheidend beeinflussen sollte. Er hatte den «Slawophilen» ihr Stichwort gegeben.

SLAWOPHILE UND HEGELIANER

Anders als in der höfischen Gesellschaft von St. Petersburg bewegte in der alten russischen Hauptstadt Moskau die Diskussion über die Rückbesinnung auf das «eigentlich Russische» die Studenten, Philosophen, Schriftsteller und Dichter. Es war eine Auseinandersetzung, deren Richtung ganz wesentlich von einem deutschen Philosophen beeinflusst wurde, der in Russland sehr viel einflussreicher war als in seiner Heimat. Schelling wirkte bis ins 20. Jahrhundert hinein auf die russischen Intellektuellen. Mit seinen naturphilosophischen und religionsphilosophischen Vorlesungen und Schriften, mit seiner Variante der Philosophie des deutschen Idealismus, gab er den Hauptströmungen der philosophischen und politischen Diskussion unter den russischen Intellektuellen starke Anstöße. Wahrscheinlich hat niemand das Denken junger Russen so stark beeinflusst wie dieser deutsche Professor. In der Auseinandersetzung zwischen Westlern und Slawophilen beriefen sich diejenigen auf ihn, die an die besondere Kraft und Größe der russischen Kultur und Geistigkeit glaubten. Das Goldene Zeitalter Russlands war für sie das moskowitische Reich vor der Reform Peters des Großen. Sie waren überzeugt davon, dass dieses echte Russland unendlich viel wertvoller war als jene westliche Welt, die sich mit ihrer überlegenen Technik und ihrem kritischen Skeptizismus in die russische Gemeinschaft hineindrängte. So stellten sie das Ideal eines einfachen, bäuerlichen russischen Menschen der egoistischen, ungläubigen, habgierigen und überzivilisierten Gesellschaft des Westens gegenüber. Dies war gewissermaßen das russische Pendant zu der Entwicklung in Deutschland. Ausgehend von den Ideen der Aufklärung und ihren demokratischen Grundzügen entstand nun in der Zeit der Romantiker und der Reichsgründer eine Weltsicht, die bei allen praktischen Gegensätzen der Politik die Deutschen und die Russen auf besonders tiefe Weise verband.

Der Regierung des Zaren freilich missfielen auch die Verkünder altrussischer Werte, denn so wie Peter der Große ihnen ein Verräter an dem Russentum erschien, standen sie im Widerspruch zur politischen Gesellschaft der Hauptstadt, die er geschaffen hatte. Mit ihrer Verehrung für die bäuerliche Gesellschaft und ihre Organe der Selbstverwaltung weckten sie beim Zaren den Verdacht demokratischer Gesinnung. Jedenfalls stieß ihre Überzeugung, das russische Reich werde erst wieder in Macht und Gläubigkeit entstehen, wenn die Herrscher aus dem verwestlichten St. Petersburg ins alte moskowitische Reich zurückkehrten, beim Zaren auf tiefes Misstrauen. Wer sich so auf altrussische Werte berief, schmälerte schon wieder die Allmacht des uneingeschränkten Herrschers. So kam es, dass die Zensur nicht nur die aufklärerisch-aufrührerischen Schriften, sondern auch die russisch-traditionellen Lehren bedeutender slawophiler Denker schließlich verbieten ließ.

Härter aber noch war die Verfolgung der Denker und Schriftsteller, die verallgemeinert «Westler» genannt wurden und die sich selbst häufig als «Hegelianer» bezeichneten. Sie hatten von der anderen großen Schule des deutschen Idealismus, von Friedrich Hegel, gelernt, die Grundsätze der Aufklärung in Richtung auf einen vernünftig reformierten Staat weiterzuentwickeln, und sahen sich dabei in der Nachfolge des großen Zaren Peter. Wenn die Slawophilen auf einem russischen Sonderweg beharrten, so vertraten die Hegelianer die Idee einer allgemeinen Menschheitskultur, von der Russland sich nicht abkapseln könne, ohne in menschenunwürdige Despotie zurückzufallen. Für sie hatte Peter der Große sein Land auf den richtigen Weg gebracht, der schließlich in die allgemeine Menschheitsentwicklung einmünden würde. Aufgeklärt, liberal und schließlich radikal führte ihr Denken sie in die Opposition zum autokratischen Staat, und der Staat schlug zurück. Schwere Strafen, Gefängnis, Verbannung nach Sibirien und Emigration in den Westen waren ihr Schicksal. Die Zensur ließ ihre Gedanken verbieten, aber in eingeschmuggelten Zeitschriften wie «Kolokol», die Alexander Herzen in London zwischen 1857 und 1867 redigierte, fanden sich demokratische und sozialistische Thesen, auf denen eine wachsende Zahl russischer Leser ihre Vorstellungen von einem neuen Russland aufbaute.

In einem der Oppositionskreise, bei den Petraschewzen, hatte der junge Dichter Fjodor Dostojewskij sich für die aus Frankreich kommenden Ideen des utopischen Sozialismus zu begeistern gelernt. Ein Polizeiagent schlich sich in den Kreis ein. Nur einer der Petraschewzen konnte fliehen, alle anderen wurden verhaftet. In einer tödlichen Komödie mussten Dostojewskij und seine Mitgefangenen am 22. Dezember 1849 auf dem Richtplatz vor dem Erschießungskommando antreten, ehe in letzter Minute ein Bote des Zaren eintraf. Ihr Todesurteil war aufgehoben, die Verurteilten zu vier Jahren Gefangenschaft und vier Jahren Militärdienst in Sibirien begnadigt worden. Neun Jahre später kehrte Dostojewskij in eine kleine Stadt nördlich von Moskau zurück, als verwandelter Mensch. Er hatte sich von einem radikalen Sozialisten zu einem tiefreligiösen Slawophilen gewandelt. Seine früheren sozialistischen Freunde, die gerade Marx zu entdecken begannen, wandten sich von ihm ab, und er blieb in Russland ein Jahrhundert lang für liberale Sozialisten und Kommunisten ein Überläufer zur orthodoxen Kirche und zum autokratischen Staat. Der große Dichter, dessen Romane im Westen und besonders in Deutschland als Verkörperung tiefster russischer Seelengröße empfunden wurden, hatte den Gegensatz zwischen den beiden Hauptströmungen des russischen Denkens für sich nicht zu überbrücken vermocht. Slawophile und westlerische Gedanken sollten von nun an nebeneinander die Richtung der russischen Politik und das Verhältnis des Imperiums zu seinen Nachbarn prägen.

Russland war unter Nikolaus I. zum Büttel der Reaktion geworden, zum Verbündeten aller konservativen Kräfte, die Reform und Veränderung ablehnten. Die liberalen und demokratischen Kräfte, die in der europäischen Gesellschaft an geistigem Einfluss gewannen, sahen von nun an in den russischen Herrschern nur noch die grobschlächtigen Feinde jeder modernen Entwicklung.

EROBERUNG UND UNTERWERFUNG

Die Eroberungs- und Unterwerfungspolitik des Zaren an den südlichen Grenzen Russlands löste in Europa keine Proteste und moralische Verurteilung aus. Kolonialkriege, wie sie mit großer Brutalität von England und Frankreich geführt wurden, ließen Russlands Feldzüge gegen das Osmanische Reich und in Zentralasien, seine Strafexpedition gegen die Völker des Kaukasus nicht als unmäßig grausam erscheinen. Die russischen Befehlshaber der Kaukasusfront waren in ihrer Art Alleinherrscher über die neu gewonnenen oder noch umkämpften Gebiete. Zar Alexander I. hatte sich früh entschieden, dass alle Vollmachten und Entscheidungen bei den Generalen lägen, die nur in wichtigen Fragen St. Petersburg Bericht erstatten mussten. War es noch verhältnismäßig leicht gewesen, Armenien und Georgien Russland einzuverleiben, weil diese christlichen Völker gehofft hatten, die Machtentfaltung des Zaren würde sie vor der osmanischen Herrschaft schützen, so fanden die russischen Militärs in den Tälern des Kaukasus bei den moslemischen Bergvölkern die Bereitschaft zum härtesten Widerstand. Seit im Vorland des Gebirges ganze Völkerstämme wie die Nogaier vertrieben und vernichtet worden waren, damit Kosaken das Land besiedeln und die Grenzen der russischen Macht immer weiter ausdehnen konnten, hatten die Führer der Moslemvölker in Tälern und Hochebenen des Kaukasus jede Hoffnung auf eine friedliche Einigung mit Russland aufgegeben. Einige ihrer Führer riefen zum großen Heiligen Krieg gegen die Russen auf, und auch die härtesten Strafexpeditionen der russischen Armee konnten ihren Widerstand nie völlig ersticken. Anders als in Finnland, Polen, in Südrussland und Sibirien, wo die imperiale Ausdehnung Russlands das Ziel einer Einordnung ins russische Leben verfolgte, setzten die zwei Generale, die nacheinander Russlands Kaukasuskriege führten, auf härteste Unterdrückung und Vernichtung.

In den unzugänglichen Tälern des Kaukasus, besonders in Tschetschenien und Daghestan, stießen die Russen auf Feinde, mit denen Verhandlungen und Absprachen tatsächlich unmöglich erschienen. Die Erinnerung an das Schicksal der Nogaier verstärkte ihren Kampfeswillen und die Entschlossenheit, mit aller Grausamkeit, die es vorher im Kampf zwischen Volksgruppen und Stämmen gegeben hatte, den russischen Soldaten Widerstand zu leisten. Gegen die modern ausgerüstete, weit überlegene russische Armee schien das zwecklos, aber der Geist des Widerstands verdichtete sich in einer besonderen Form des Islam, dem Muridismus. Es war längst zu spät, als der Zar selber einzugreifen versuchte und während einer Inspektionsreise durch den Kaukasus Imam Schamil, den Führer der Tschetschenen, zu einer Begegnung einlud. Schamil, inzwischen von vielen Kaukasusvölkern bewundert, lehnte ab. Seine

Anhänger kämpften noch fanatischer als vorher, trotz scheinbarer Aussichtslosigkeit und in selbstmörderischer Entschlossenheit.

Der Finanzminister warnte den Zaren davor, dass die Kriege, die großen Militärparaden und das Netz der in- und ausländischen Agenten den Staat ruinierten. Russland verfügte über eine riesige, aber schlecht ausgerüstete Armee, und seinen Nachbarn im Westen schien es, als bräche das Land unter dieser Last zusammen, unter den um das Vielfache erhöhten Steuern und der Einschränkung der öffentlichen Ausgaben für Staats- und Industrieentwicklung. Sie unterschätzten dabei die Stärke, die Russland trotz militärischer und politischer Fehlentscheidungen inzwischen gewonnen hatte: In der ersten Hälfte des 19. Jahrhunderts hatte sich die Bevölkerung fast verdoppelt. Neue Industriestädte waren entstanden, Eisenbahnen verbanden die Städte und Provinzen, aus dem fernen, unwirklichen Sibirien floss Gold nach Moskau in die Staatskasse – 20 000 Tonnen im Jahr. Russlands militärische Machtentfaltung war finanzierbar, auch wenn das öffentliche Leben zu verarmen schien. Der Krieg im Kaukasus wiederum, den westliche Beobachter nur als eine Belastung des russischen Reiches verstanden, hatte in St. Petersburg und Moskau bei der Oberschicht des Adels und der Kaufmannschaft, aber auch bei Studenten und jungen Intellektuellen Zustimmung und Begeisterung ausgelöst. Sie schlug sich in Diskussionen, Flugblättern, Zeitungsartikeln und Gedichten nieder, von denen sich auch liberale und radikale Anhänger einer Reform des Zarenstaats, große Dichter wie Puschkin und Lermontow oder Tolstoi, mitreißen ließen.

Russland war nicht so schwach und rückständig, wie man im Westen geglaubt hatte. Es war stark genug, dem Osmanischen Reich Teile ganzer Provinzen zu entreißen. Der Aufstieg seiner Macht erschien Frankreich und England gefährlich für ihre Kolonialpolitik, und Russlands Unterstützung der slawischen Freiheitskämpfer in den türkischen Balkangebieten beunruhigte Österreich. Nun forderte der Zar 1853 die türkische Regierung auf, Russland als Schutzmacht aller orthodoxen Christen im Osmanischen Reich anzuerkennen und der katholischen Kirche das Recht zu entziehen, die heiligen Stätten in Jerusalem zu verwalten. Die Hohe Pforte, das osmanische Außenministerium, wies die Forderung zurück. Russische Truppen marschierten in Rumänien ein, die russische Schwarzmeerflotte vernichtete die Kriegsflotte der Türken. England, Frankreich und Österreich verzeichneten mit Erschrecken, dass Russland mit einem Sieg über die Türkei seine Macht im Südosten Europas ausdehnen würde. In der Ostsee, an der Beringstraße und im Schwarzen Meer griffen französische und englische Kriegsschiffe russische Stützpunkte an. Österreich, das mit Hilfe russischer Truppen den Aufstand der Ungarn niedergeschlagen hatte, wechselte die Front und trat an die Seite Englands und Frankreichs. Preußen schloss sich einem österreichischen Ultimatum an, blieb aber neutral. Die großen europäischen Mächte machten die Halbinsel Krim und den Marinestützpunkt Sewastopol zum Kriegsschauplatz, auf dem der Zar und sein Reich eine schwere, demütigende Niederlage hinnehmen mussten. Russlands Hilfe bei der Befreiung von Napoleon war vergessen, die Heilige Allianz nur ein wertloses Vertragspapier.

BAUERNBEFREIUNG UND ENTSTEHUNG WIRTSCHAFTLICHER MACHT

Die Niederlage im Krimkrieg hatte dem russischen Herrscher klargemacht, dass die Überlegenheit seiner europäischen Nachbarn wegen der Rückständigkeit der russischen Gesellschaft und Wirtschaft immer weiter wachsen würde. Dieser Machtverlust war durch eine Modernisierung des russischen Militärs allein nicht aufzuhalten. In den Memoranden der Berater des Zaren und schließlich auch in Zeitungsartikeln, die nun häufiger die Zensur passieren durften, wurde die Lage der Bauern, die Unterdrückung durch die Leibeigenschaft, als Hauptursache der russischen Schwäche dargestellt. Tatsächlich stand diese Leibeigenschaft einer schnellen

Entwicklung der Wirtschaft im Wege. Sie verhinderte die Modernisierung der Landwirtschaft und enthielt den neuen Industrien die Arbeiter vor. In vielen Teilen des Reiches kam es nach dem Krimkrieg zu Bauernunruhen, und in Adelskreisen, die eine absolute Herrschaft der Gutsherren über die Bauern befürworteten, fürchtete man, die Leibeigenen auf den großen Gütern könnten sich den Bauernaufständen anschließen. Der junge Zar, der 1855 mitten im Krimkrieg den Thron bestiegen hatte, war durchaus ein Gegner der bauernschindenden Leibeigenschaft, die er als eine Schmach für Russland empfand. Er wollte sie von der Spitze des Staats her abschaffen und unterzeichnete 1861 ein Reform-Manifest. Von nun an durfte ein Bauer nicht mehr verkauft, verpfändet oder verspielt werden. Die Bauern waren rechtlich frei. Zwar blieben den Gutsherren noch andere Möglichkeiten, die Bauern unter Druck zu setzen, aber viele ihrer Vorrechte fielen nun weg, und immer mehr Bauern konnten die Güter verlassen und sich Arbeit in der wachsenden Industrie suchen. Damit stiegen die Industrieproduktion und sogar die landwirtschaftlichen Erträge. Das bedeutete erhöhte staatliche Einnahmen, wie das Modernisierungsprogramm des Zaren sie brauchte. Eine bürgerlich-kapitalistische Staats- und Gesellschaftsreform ging über die alten Kräfte der Autokratie hinweg. Auch in vielen Teilen des Landes, die nicht zu den Standorten gehörten, an denen Peter und Katharina schon früh zaristische Manufakturen gegründet hatten, wuchsen Industriebetriebe und mit ihnen die Zahl der Arbeiter. Baumwollindustrie, Kohle- und Erzbergbau, Maschinenbau und auf dem Lande auch der Getreideanbau entwickelten sich mit enormer Geschwindigkeit, schneller, als das in Nordamerika oder Westeuropa je der Fall gewesen war.

BISMARCKS POLITIK

Noch immer stand dem zentral regierten Russland unter seinem alleinherrschenden Zaren kein Deutschland, sondern ein Gemenge von großen und kleinen Königreichen, Fürstentümern, unabhängigen Herrschaften gegenüber. In der russischen Hauptstadt St. Petersburg gab es 39 deutsche Gesandtschaften, die jeweils einzelne Staaten des deutschen Bundes vertraten. Es war eine selbstbezogene, adelige Hofgesellschaft, die von der politischen und wirtschaftlichen Welt Russlands abgeschnitten war. Einer der Gesandten allerdings, der in der höfischen Rangordnung von Adel und Militär eigentlich keine besondere Rolle spielte, wurde von wichtigen Staatsmännern Russlands geschätzt und zu politischen Gesprächen herangezogen. Sein Interesse am höfischen Leben der deutschen Kleinstaat-Diplomaten war ebenso begrenzt wie sein Verständnis für die gesellschaftspolitischen Spannungen und Bewegungen in Russland. Aber Graf Otto von Bismarck, der Gesandte Preußens, nutzte seine Zeit in der russischen Hauptstadt, um bei den Beratern des Zaren um Verständnis zu werben für Zukunftspläne, von denen sein Herrscher, der König von Preußen, noch wenig wusste. Vier Jahre nach dem Ende seiner Zeit in St. Petersburg konnte er seine Beziehungen als preußischer Ministerpräsident einsetzen. Nun unterstützte Russland Preußens Aufstieg zur Vormacht im Bund der deutschen Kleinstaaten. Im Krieg zwischen Preußen und Österreich stand Zar Alexander II. in mehr als wohlwollender Neutralität an der Seite Preußens. Im Deutsch-Französischen Krieg 1870–1871 war der Zar erneut Preußens Verbündeter im Hintergrund. Seine Haltung sollte Österreich davor abschrecken, Frankreich zu unterstützen, und hielt so den Weg frei zur Gründung des Deutschen Reiches. Was Bismarck geplant hatte, konnte nicht zuletzt wegen der Haltung des Zaren verwirklicht werden.

Der König von Preußen, der nun Kaiser von Deutschland geworden war, schloss mit seinem Neffen Zar Alexander II. und dem österreichischen Herrscher den Dreikaiserbund. Dieser sollte die Vertrauensgrundlage einer gemeinsamen Sicherheitspolitik werden. Doch in Wien wuchs das Misstrauen gegen Russlands starke Position auf dem Balkan, und am Hofe des Zaren fühlte man sich brüskiert, weil auf dem Berliner Friedenskongress 1878 Russland

Bismarck zwischen Russland und Österreich, Karikatur, 1888

auf Teilen des Balkans die türkische Herrschaft und eine österreichische Einflusszone anerkennen musste. Dem Zaren und seinem Minister schien es, als würden Bismarck und das Deutsche Reich die russischen Interessen nicht so entschieden gegen Frankreich, England und Österreich vertreten, wie man dies in St. Petersburg als Dank für den Beistand im deutschen Einigungsprozess erwartet hatte. Reichskanzler Bismarck versuchte, die Interessen Englands, Frankreichs, Österreichs, Russlands, Deutschlands und des Osmanischen Reiches in einem schwierigen Balanceakt auszutarieren. In diesem raffiniert berechneten Bündnissystem hatte jeder der Partner seine eigenen misstrauischen Hintergedanken. Bismarck wollte noch einmal die Unterstützung Russlands gegen eine Bedrohung durch Frankreich und England festschreiben lassen. Damit Deutschland sich an seiner Ostgrenze sicher fühlen könne, drängte er Kaiser Wilhelm II. kurz vor seiner Entlassung 1890 noch zum Abschluss eines Rückversicherungsvertrages zwischen Berlin und St. Petersburg. Als Gegenleistung erwartete Russland, das Deutsche Reich würde für den Fall eines russisch-österreichischen Krieges auf dem Balkan Neutralität zusagen. Aber ein solcher Geheimvertrag zwischen Berlin und St. Petersburg hätte Österreich im Kriegsfall dem Druck der russischen Übermacht ausgeliefert, mit Folgen, die Berlin bedenklich schienen. Was blieb, war ein komplizierter und unübersichtlicher Vertrag, von dem Bismarck selber sagte, er werde im Ernstfall kaum länger als wenige Monate halten.

DER ZERFALL DES RUSSISCHEN IMPERIUMS

Bismarcks raffinierte Kunst der Geheimdiplomatie blieb seinem kaiserlichen Herrn, dem jungen Wilhelm II., ebenso fremd wie dem Zaren in St. Petersburg. Die komplizierten, abgezirkelten Vertragskonstruktionen waren dem Zusammenstoß der Imperien mit ihren gegensätzlichen wirtschaftlichen und kolonialen Interessen nicht gewachsen. Der deutsche Kaiser hatte den Zaren, seinen Vetter, in der Überzeugung bestärkt, Russlands wahre Mission liege nicht in Europa, sondern in Asien. Als Russland den Willen erkennen ließ, seine Macht in die Mandschurei und nach China auszudehnen, schloss eine japanische Flotte den Stützpunkt Port Arthur ein, den Russland unmittelbar gegenüber von Japan auf chinesischem Boden aufgebaut hatte. Für Russland begann ein demütigender Krieg, der den maroden Zustand von Armee, Verwaltung und Regierung für alle Welt, besonders aber für die Russen selber, deutlich machte. Der Zar rief sein Volk zu Anstrengungen und Opfer auf, doch die Meldungen aus dem Kriegsgebiet berichteten nur von demütigenden Niederlagen. Russlands berühmte Kriegsflotte musste Afrika umrunden und kam mit verrotteten Schiffen, demoralisierten Matrosen und im Zustand der Erschöpfung im Gelben Meer an. Sie versank im Feuer der japanischen Marineartillerie. Die Gebietsverluste, die Russland im Fernen Osten hinnehmen musste, waren zwar relativ gering, doch die innenpolitischen Folgen des verlorenen Krieges machten den inneren Zerfall des dritten russischen Imperiums sichtbar.

Am 9. Januar 1905 zogen einige tausend Arbeiter vor das Winterpalais in St. Petersburg, um den Zaren auf die Not der Bevölkerung hinzuweisen. Als Polizei und Militär das Feuer auf die Menschenmenge eröffneten, begann der Anfang vom Ende der Dynastie Romanow. Das Blutbad vor dem Winterpalast rief auch bei vielen Menschen, die nie gegen den Zaren protestiert hätten, Abscheu und Ablehnung hervor. Der Marsch in den Untergang hatte begonnen, weil der Glaube an die Reformfähigkeit der Zarenherrschaft in der russischen Mittelschicht endgültig erschüttert war.

Seit Jahrhunderten hatten Zaren ihre politische Polizei zur Unterdrückung von höfischen Verschwörungen eingesetzt. Aber im Laufe des 19. Jahrhunderts hatte diese Polizei Vollmachten erhalten, die für Europa ungewöhnlich waren. Ein baltischer Adeliger, Alexander von Benckendorff, hatte diese Geheimpolizei als Dritte Abteilung der Kanzlei des Zaren aufgebaut. Wer immer ihr politisch verdächtig erschien, konnte verhaftet oder in administrative Verbannung nach Sibirien geschickt werden, ohne von einem Gericht verurteilt zu werden oder sich verteidigen zu können. 1881 war aus der Dritten Abteilung sogar eine eigene Organisation, die Ochrana, gebildet worden, der eigentliche Herrschaftsmechanismus eines modernen Polizeistaats mit einem Heer von Agenten, die in Universitäten und Theatern, Handelsbüros und Familien und auf jedem Feld Russlands bespitzelten und zugreifen konnten. Selbst Mitglieder des hohen Adels beklagten sich ergebnislos bei Zar Nikolaus, dass alle ihre Briefe von der Polizei gelesen würden. Der technische Fortschritt ermöglichte es inzwischen, die Ochrana zu einem alles erfassenden Staatsinstrument auszubauen. So begann sich ein System zu vervollkommnen, dessen Techniken und umfassende Zielsetzung die russische Gesellschaft bis ins 20. Jahrhundert hinein prägen sollte.

GEHEIMPOLIZEI, VERSCHWÖRER, SOZIALISTEN

Dieses unkontrolliert mächtige Überwachungssystem, das in der Gesellschaft jeden politischen Diskurs zu ersticken versuchte, trug wesentlich dazu bei, dass aus den politischen Diskutierclubs junger Offiziere und der studentischen Intelligenzija verschwörerische, revolutionäre Geheimorganisationen wurden. Die Verbannung und Hinrichtung der Dekabristen hatte den Grundstein für den Mythos von der Notwendigkeit revolutionärer Bewegungen gelegt, der die Gedankenwelt der oppositionellen jungen Mittelschicht bestimmte. Attentate boten sich jungen Revolutionären als einziges Mittel an, um Veränderungen in der Gesellschaft zu erreichen. Die gläubige Selbstaufopferung und die Bereitschaft zum Tyrannenmord erregten in Westeuropa Aufsehen, als Zar Alexander II. 1881 von Terroristen getötet wurde. Hunderte von Attentaten auf Provinzbeamte blieben dagegen unbemerkt. Wenn überhaupt, so sah man in Berlin, Wien und Paris darin nur Zeichen einer typisch russischen Unordnung und Disziplinlosigkeit, den Beweis slawischer Unfähigkeit zu geordneter Staatsführung. Das ganze Spektrum politischer Bewegungen und Sekten blieb den Politikern und Beobachtern im Westen meist verborgen. Stattdessen entstanden besonders in Deutschland sagenhafte, scheinbar historisch-wissenschaftliche Theorien, die von einer staatsprägenden Tradition der Waräger, Wikinger oder Normannen kündeten, ohne die keine russische Staatlichkeit entstanden wäre. Die nationalistischen Fantasien deutscher Historiker und Politiker sahen in Zeiten der Unruhe den Beweis dafür, dass die Russen (oder die Slawen überhaupt) zum Aufbau eines geordneten Staates unfähig seien und nur durch starke Herrscher (möglichst deutscher Abstammung) regiert und zivilisiert werden könnten.

In Russland aber waren gegen 1875 Tausende von jungen Studenten von ihren Universitäten weg auf die Dörfer gegangen, ins Volk, dem sie dienen wollten, indem sie etwas von ihrem Wissen weitergaben – und wenn es zunächst nur Lesen und Schreiben war. Zum Misstrauen der Geheimpolizei, die solche jungen Leute verhaftete, kam oft die Feindseligkeit der Bauern gegen diese Missionare einer städtischen Oberschicht. So wuchs bei diesen die Überzeugung, nicht auf die Bauern setzen zu dürfen, sondern nur auf eine Revolution von oben.

Je ferner die Möglichkeit, die begeistert aufgenommenen Ideen etwa der deutschen Philosophen offen zu diskutieren und in der Wirklichkeit von Politik und Gesellschaft weiterzuentwickeln, umso dogmatischer wurden die Thesen der revolutionären Gruppen. Je mehr Mitglieder der bauernsozialistischen oder anarchistischen Gruppen verfolgt wurden, umso mehr häuften sich die Attentate, mit denen kleinere Gruppen die Zarenherrschaft schwächen wollten. Manche unter ihnen hofften, die Unterdrückung durch die Polizei so weit verschärfen zu können, dass eine allgemeine Bereitschaft zu Aufstand und Revolution den Staat unterhöhlen würde. Der Terror aber blieb ebenso politisch unwirksam wie zuvor die Aufklärungsmissionen bei den Bauern.

Von solchen Ideen hatten sich einige Männer abgekehrt, die Anfang der 80er-Jahre des 19. Jahrhunderts nach dem Studium der Werke von Karl Marx die Grundlage einer sozialdemokratischen Bewegung schafften. Von Marx übernahmen sie die These, dass nur die neue Arbeiterklasse in den Städten und eine soziale Revolution, die von ihr ausginge, Russland zu ändern vermochten. Aber Russland war immer noch ein Land der Bauern, in dem die Arbeiter eine kleine Minderheit darstellten. Karl Marx und Friedrich Engels beobachteten mit einigem Misstrauen, dass unter russischen Intellektuellen eine Theorie des Marxismus ausformuliert wurde, die nicht auf die Entstehung von Industrie und Proletariat warten, sondern weit schneller vorangehen wollte als die Entwicklung in den Ländern Westeuropas. In diesem rückständigen Russland, in dem Arbeiterschaft und Industriegesellschaft kaum eine Rolle spielten, war «Das Kapital» schon 1872, lange vor England und Frankreich, übersetzt und veröffentlicht worden.

DIE FRÜHEN JAHRE DER REVOLUTIONÄREN BEWEGUNG

Fünf Jahre nachdem «Das Kapital» in Hamburg erschienen war, genehmigten die Zensoren in St. Petersburg die Veröffentlichung in

Russland. Dies sei ein streng wissenschaftliches Werk, viel zu kompliziert, um die Ordnung in Russland zu gefährden, so urteilte die Zensur. Es befasse sich mit den Auswirkungen des Kapitalismus in England, während es in Russland eine kapitalistische Ausbeutung nie gegeben habe, und so werde es nur von wenigen gelesen und verstanden werden. Unbemerkt von der Zensurbehörde aber hatte sich Russland schon gewandelt. Zwar war nach der furchtbaren Hungersnot von 1891 das Schicksal der Bauern noch einmal zum Thema der Politik geworden. Zugleich aber hatte die Industrialisierung mit einem in der Welt noch nicht gesehenen rasanten Tempo begonnen, mit dem Bau von Eisenbahnen und Industriebetrieben, mit ausländischen Anleihen und Investitionen. Für einen philosophischen Marxisten wie Plechanow, einem ausgesprochenen Westler, war die wirtschaftliche Entwicklung eine Ermutigung zur Gründung einer sozialdemokratischen Bewegung. Die Veränderung der wirtschaftlichen Bedingungen ließ ihn auch einen politischen Wandlungsprozess erwarten. Lenin dagegen, der 1895 den «Kampfbund zur Befreiung der Arbeiterklasse» gründete, wollte auch auf das revolutionäre Potential der Bauern setzen, die zusammen mit den Arbeitern und von ihnen geführt die Macht erkämpfen würden. Lenin schob die Thesen des orthodoxen Marxismus beiseite: Ein Land wie Russland brauche nicht erst über eine kapitalistisch-industrielle Entwicklung und eine bürgerlich-demokratische Revolution zur sozialistischen Revolution und einem kommunistischen System zu gelangen. Nach dem Blutsonntag von 1905 begannen viele Studenten und gebildete Leute daran zu zweifeln, dass Russland den Weg zu Reformen über eine demokratisch-bürgerliche Revolution finden könne. Die radikalsten Gruppierungen, so die von den Sozialdemokraten abgespaltene Fraktion der Bolschewisten, ließen sich von Lenin auf den Weg sofortiger revolutionärer Machtergreifung führen. Die alte Spaltung zwischen autoritären und demokratischen Ideen war in neuer Form auferstanden.

Noch einmal ließ sich der Zar Nikolaus II. von seinen Beratern dazu bewegen, den Bürgern Russlands eine Verfassung mit Rechtssicherheit, Meinungsfreiheit, allgemeinem Wahlrecht und sogar der Einsetzung eines Parlaments zu versprechen. Höchst widerwillig stimmte er 1905 diesem Manifest zu und nahm nur ein Jahr später fast alle Zusagen zurück. Die Menschen, die sich in St. Petersburg und Moskau und in vielen Städten begeistert versammelt hatten, um die versprochenen neuen Freiheiten zu bejubeln, entdeckten schon ein Jahr später, dass der Zar entschlossen war, den Übergang zu einem konstitutionellen, demokratischen System zu versperren.

VOR DER «URKATASTROPHE»

Im Sommer 1914 aber, als in ganz Europa die Wolken des Krieges aufzogen, schien die Stimmung in Russland in eine ganz andere Richtung zu weisen. Die Demonstrationen auf den Straßen der großen Städte forderten nicht Revolution oder Demokratie. Es ging eine Welle des Patriotismus über das Imperium hinweg. Begeistert schrieben die Zeitungen, das ganze Land eile zu den Fahnen, um Zar und Vaterland zu beschützen, und in diesen Sommermonaten 1914 hatten sie sogar recht.

Am Hofe des Zaren hatte man lange Zeit auf das Bündnis mit Deutschland gesetzt, da Kaiser und Zar nah verwandt und gleichermaßen Gegner der liberalen und sozialdemokratischen Bewegungen waren. Nun aber musste der Zar auf die Stimmungen des Volks Rücksicht nehmen, und eines der stärksten Bindemittel, um die Bevölkerung vom revolutionären Protest weg hinter die Fahnen des Imperiums zu locken, war der Patriotismus mit dem erklärten Ziel der Vereinigung aller Slawen unter Russlands Führung.

In Deutschland hatten Nationalismus und Pan-Germanismus in allen Parteien die Furcht vor den Russen geschürt. In Russland vereinte die Furcht vor der Macht der Deutschen alle Parteien gegen die als pro-deutsch empfundene Politik des Zaren. Die patriotische Propaganda nährte das Gefühl, Deutschland sei ein gefährlicher Feind, der das russische Volk zu ewiger Zweitklassigkeit verurteilen wolle. Die deutschen Kaufleute in Russland waren reich, Deutsche saßen in wichtigen Staatsämtern, Deutschland verfügte über eine große Armee und eine moderne Rüstungsindustrie, die Importe aus Deutschland zerstörten die Konkurrenzfähigkeit der russischen Wirtschaft und machten aus landlosen Bauern verelendete Arbeitslose. Es waren Parolen des Neids und der kulturellen Unterlegenheit, die sich in diesen Monaten explosiv verdichteten. Die Zeitschrift Nowoje Wremja fasste es zusammen: «In den vergangenen zwanzig Jahren hat unser westlicher Nachbar die wichtigsten Quellen unseres Wohlstands in seinen Fängen gehalten und wie ein Vampir das Blut der russischen Bauern getrunken.»

Die Woge patriotischer und panslawistischer Begeisterung wuchs an. Als am 28. Juni 1914 Österreich den Krieg gegen Serbien eröffnete, schien dies vielen Russen der Anfang einer teutonischen Offensive zur Unterwerfung der Slawen. Der Zar rief die Mobilmachung aus, wandte sich aber zugleich an den deutschen Kaiser, um den österreichischen Angriff zu stoppen. Er könne sonst bald gezwungen sein, zu den Mitteln des Krieges zu greifen, warnte Zar Nikolaus seinen Vetter, Kaiser Wilhelm. In der Warnung steckte deutlich erkennbar ein Angebot, gemeinsam einen Ausweg zu suchen. Aber der deutsche Kaiser ging nicht auf das Angebot ein, das Deutsche Reich stellte sich nibelungentreu an die Seite Österreichs. In Russland warnte der Außenminister Sasonow, der die Gefahren eines Krieges voraussah, in dieser Situation seinen Herrscher: Wenn er sich nicht an die Seite Serbiens stelle, könne das in Russland eine Revolution und das Ende des Zarentums herbeiführen.

Es gab Gründe genug für den Zaren, dem Drängen der Kriegspartei in seinem Lande nachzugeben. Nun erlebte er, dass sich eine begeisterte Menschenmenge vor dem Winterpalais in St. Petersburg versammelte, wo neun Jahre zuvor die Demonstration der Bauern und Arbeiter zusammengeschossen worden war. Jetzt sah der Zar eine riesige Menge, die vor ihm niederkniete und die Zaren-

Kaiser Wilhelm II. und Zar Nikolaus II., 1912

hymne sang. Lange hatte er als Alleinherrscher vereinsamt in der Konfrontation mit seinem Volk gelebt. Nun gab er sich dem Glauben hin, in Russland entstehe eine große, geschlossene Volksbewegung, wie sie die russischen Menschen im vaterländischen Krieg gegen Napoleon vereint hatte. Fast alle Zeitungen und die meisten russischen Schriftsteller waren für den Krieg. Die meisten Mitglieder der Intelligenzija, sonst regierungskritisch und revolutionsgeneigt, wiegten sich nun in dem Glauben, der Krieg werde das vereinte russische Volk zur geistigen Erneuerung führen. Tausende von Studenten meldeten sich freiwillig zur Armee. Ihre Beweggründe waren nicht viel anders als die der jungen deutschen Studenten, die später bei den Sturmangriffen von Langemarck verbluteten: Im Stahlbad des Krieges werde die Saat gelegt für ein besseres, gerechteres, ehrenhafteres Reich. In Russland schlug die patriotische Begeisterung in Hass auf die deutschen Feinde um. Die Hauptstadt St. Petersburg musste in Petrograd umgetauft werden. Die kaiserlich deutsche Botschaft wurde gestürmt, ihr Inventar auf den Marienplatz geworfen und verbrannt. Die Proteste gegen den Zaren waren vorbei, es gab nur die Stimmung der Begeisterung, die seine Herrschaft zu tragen schien. Es gebe keine Rechten und Linken, keinen Widerspruch zwischen Regierung und Gesellschaft mehr, sondern nur die geeinte russische Nation, schrieben die liberalen Zeitungen in Petrograd. Das klang nicht anders als in Berlin, wo Kaiser Wilhelm verkündete: «Ich kenne keine Parteien mehr. Ich kenne nur noch Deutsche.» Die russische Duma, die so lange um die Rechte des Parlaments gegen die Selbstherrschaft des Zaren gekämpft hatte, beschloss nun, sich in patriotischer Hochstimmung aufzulösen.

Aber der Krieg begann für Russland so unglücklich, wie er enden sollte. Schon in der ersten großen Schlacht wurde die russische Armee, die in Ostpreußen einmarschiert war, von den deutschen Truppen unter Hindenburg und Ludendorff vernichtend geschlagen. Gegen die österreichischen Truppen konnten die russischen Soldaten einige Siege erkämpfen, aber gegen die deutschen Truppen am nördlichen Teil der Front erstritten sie unter schweren Verlusten nur eine Entlastung für die Armeen Englands und Frankreichs. Der Krieg zog sich hin, ohne Siege oder ein absehbares Ende. Wie zuvor im Krieg gegen Japan waren es die Missstände, Versorgungsschwierigkeiten, Inflation, Hungersnöte, die der Masse der russischen Menschen vor Augen traten. Fast sieben Millionen Männer hatte der Zar im ersten Kriegsjahr zu den Waffen gerufen, aber für zwei Millionen von ihnen gab es nicht einmal Gewehre. Das Kriegsministerium hatte keine Winterausrüstung vorbereitet. An der Front schickten die Generale schlecht ausgerüstete und ausgebildete Soldaten zu Zehntausenden in den Tod. Den verlorenen Schlachten folgte der Verlust des Vertrauens in den Zaren und die ganze Staats- und Gesellschaftsordnung. Wie im Jahr 1905, als Niederlagen im Krieg gegen Japan den Verfall des Reiches allen erkennbar gemacht hatten, entzündeten sich in den Kriegsjahren nach 1915 Proteste und Aufstände gegen die Herrschaft der Romanows.

Nicht nur das Volk, auch seine treuesten Offiziere hatten das Vertrauen in den Selbstherrscher verloren. Die große Masse der Soldaten, die aus Bauerndörfern in die Armee gezogen worden waren, kannte die Träume der Hauptstadtpatrioten und Slawophilen nicht. Sie träumten nicht von der Eroberung Konstantinopels, der Befreiung der Slawen Osteuropas, dem Einmarsch in Berlin. General Brussilow, Kommandant der drei großen russischen Offensiven dieses Krieges, kannte seine Soldaten ganz genau: Die Männer aus dem Inneren des Reiches hätten nie verstanden, weshalb es diesen Krieg gebe. «Der einfache Soldat wusste nichts von den deutschen Plänen und ahnte gar nicht, dass so ein Land existiert», bemerkte Brussilow. So verstünden sie auch nicht, warum sie sich von der deutschen Artillerie massakrieren lassen sollten. Überstürzte Rückzugsmanöver vor Massenangriffen der deutschen Infanterie, fehlende Versorgung und Korruption der Offiziere zerstörten die Kampfkraft der Armee.

Mit jedem Kriegswinter sank auch in der Heimat die Moral. Selbst in der Hauptstadt hatte der Zar keinen zuverlässigen Schutz mehr. Bei den Reserveeinheiten, die seine Sicherheit in Petrograd garantieren sollten, waren die meisten Offiziere an der Front gefallen, die verbliebenen wenig erfahren und zuverlässig. Gerüchte über eine Verbindung des Zaren und seiner Familie zu dem ungeschlachten Wundermönch Rasputin machten die Runde und ließen hohe Offiziere und Aristokraten am Herrscherhaus zweifeln. Als auch die Garderegimenter und die Kosaken in Petrograd die Befehle verweigerten und sich gegen den Zaren wandten, war das Ende der Romanows und des dritten russischen Imperiums gekommen. In den folgenden Jahren von Bürgerkrieg und Zerfall schien es, als sei dies überhaupt das Ende Russlands als eine Großmacht.

4

STURZ, ZERFALL UND DIKTATUR – DAS IMPERIUM UNTER DEM SOWJETSTERN

Während den Romanows die Macht aus den Händen fiel, bildete sich in der Duma, dem bis dahin ohnmächtigen Parlament, eine provisorische Regierung. Sie sollte nach den Zusammenstößen und Kämpfen der revolutionären Februartage 1917 eine Ordnung herstellen, die anders als die Zarenherrschaft nicht auf Gewalt von oben aufgebaut war, sondern in verfassungsmäßiger Gewaltenteilung Russland zu einem im westlichen Sinne demokratischen Staat machen sollte. Die ersten Beschlüsse dieser von gemäßigten Konservativen und Liberalen gestellten Regierungen ließen ihren demokratischen Grundcharakter deutlich werden. Am 17. März wurde als Erstes die Todesstrafe abgeschafft, es folgte eine Generalamnestie, die Verkündigung der Meinungs-, Versammlungs- und Pressefreiheit und Proklamationen der Gleichberechtigung zwischen Nationalitäten und Religionsgemeinschaften. Für das Land, in dem über die Hälfte der Einwohner keine Russen waren und außer den orthodoxen Christen u. a. Katholiken, Moslems und Buddhisten lebten, war dieses politische Programm als Befriedung der inneren Spannungen und Unruhen gedacht.

Die provisorische Regierung des Fürsten Lwow wollte das Bündnis fortsetzen, das Zar Nikolaus geschlossen hatte, und den Krieg gegen die Deutschen weiterführen. Aber hinter der Front wuchs der Widerstand gegen einen Krieg, der das hungernde Land noch ärmer und unruhiger machte. Soldaten desertierten und schlossen sich zu Hause radikalen politischen Gruppen an, in denen die Arbeiterführer der Linken eine politische Revolution vorbereiteten. Das kaiserlich-deutsche Schatzamt stellte weiter hohe Summen zur Unterstützung politischer Abenteurer und Revolutionäre zur Verfügung, die den russischen Staat zu unterwandern versprachen. Das Staatsgebilde zerfiel und ließ die Minister in Petrograd machtlos zurück. Die Regierung aus Konservativen und Liberalen musste nun neue Männer aus den Reihen der Sozialrevolutionäre und der Sozialdemokraten aufnehmen und sich auf die Arbeiter- und Soldatenräte stützen, auf deren Hilfe die provisorische Regierung und die Abgeordneten nicht mehr verzichten konnten. Selbst die radikalsten Mitglieder des Allrussischen Kongresses der Arbeiter- und Soldatenräte, die Bolschewiken, waren zu einer bedingten Unterstützung der provisorischen Regierung bereit. Aber der Entschluss der Regierung, den Krieg gegen Deutschland an der Seite der westlichen Alliierten fortzuführen, machte sie zunehmend unbeliebter, und das Versprechen, nach dem Sieg den Bauern eigenes Land zu geben, wurde immer unglaubwürdiger. Es stellte die Masse der Bevölkerung, in der es überwiegend Bauern und kaum zehn Prozent Arbeiter gab, nicht mehr ruhig. Die Regierenden forderten, für die Fortführung des Krieges neue Opfer zu bringen, aber das war dem Volk schon nicht mehr verständlich zu machen, als die russische Armee Mitte Juni zur Großoffensive gegen die Truppen Österreich-Ungarns antrat.

EIN VERBLENDETES SPIEL DER DEUTSCHEN

Im deutschen Außenministerium in Berlin gab man die Hoffnung auf, dass die provisorische, demokratische Regierung Russlands den Krieg beenden werde. Der deutsche Generalstab hatte nach dem Sturz des Zaren eine Regierung erhofft, deren Friedensbereitschaft die deutschen Heere an der Westfront entlasten würde. Nun suchte man in Berlin nach politischen Mitteln, die provisorische Regierung in Petrograd zu schwächen. Schon Jahre vor der Februarrevolution hatte der deutsche Gesandte in Bern dem Auswärtigen Amt von russischen Revolutionären im schweizerischen Exil berichtet, die im Fall einer siegreichen Revolution bereit wären, mit Deutschland Frieden zu schließen. Im Telegramm des Gesandten von Romberg hieß es: «Ihr Programm enthält nach Mitteilung des bekannten Revolutionärs Lenin folgende Punkte: 1. Errichtung der Republik ... 5. Friedensangebot ohne Rücksicht auf Frankreich ...» Der deutsche Botschafter in Kopenhagen empfahl: «Wir sollten alles daran setzen, unter der Hand die Gegensätze zwischen den gemäßigten und extremen Parteien zu vertiefen ... weil dann die Umwälzung unvermeidlich Formen annehmen wird, die den Bestand des russischen Reiches erschüttern müssen.» Die deutsche Regierung suchte über ihre Botschaften in neutralen Staaten nach Wegen, die Revolution in Russland zu unterstützen und besonders ihrem radikalsten Führer und Theoretiker, Lenin, den Weg nach Petrograd zu öffnen.

Lenin saß in der Schweiz und musste die Nachrichten vom Beginn der Revolution ungeduldig aus zweiter Hand entgegennehmen, ohne ihren Verlauf beeinflussen zu können. Nun zeigte sich, dass er mit Hilfe der kaiserlich-deutschen Regierung den Weg ins Zentrum der Ereignisse finden konnte. In Berlin stimmte die Oberste Heeresleitung Lenins Forderung zu, ihn und andere russische Revolutionäre aus der Schweiz in einem eigenen, versiegelten Wagen ohne Pass oder Personenkontrolle durch Deutschland fahren zu lassen. Ungehindert passierte die Gruppe, auf die die deutsche militärische Führung so große Hoffnungen setzte, die Grenzen des Deutschen Reiches und gelangte über Schweden und Finnland in die russische Hauptstadt Petrograd.

LENIN

Am 16. April 1917 stand Lenin am Finnländischen Bahnhof von Petrograd und verkündete eine Wende der revolutionären Politik. Er brach mit vielen theoretischen Grundlagen des Marxismus und wandte sich gegen die russischen Sozialdemokraten und Linken, die von Karl Marx gelernt hatten, dass erst eine bürgerliche Revolution den Durchbruch der modernen kapitalistischen Wirtschaft bringen müsse, ehe eine Revolution der Arbeiter den Durchbruch zur Macht schaffen dürfe. Lenin forderte das Überspringen der kapitalistischen und bürgerlich-demokratischen Zwischenstufe und kämpfte für die sofortige Machtübernahme der kleinen Minderheit.

Anfang Juli versuchten die Bolschewiki die Macht zu übernehmen. Es wurde wieder in den Straßen gekämpft, aber die provisorische Regierung stürzte nicht. Lenins Mitkämpfer wurden verhaftet. Er selber musste über die finnische Grenze ins Exil fliehen. In Russland übernahm der Sozialrevolutionär Kerenskij die Regierung, dessen Partei im weiten russischen Land mit Abstand die meisten Anhänger hatte. Aber seine Macht schwand in militärischen Umsturzversuchen von rechts, in gegenseitigen Verdächtigungen und Anschuldigungen, in der Auseinandersetzung über die Verteilung der Ländereien von Großgrundbesitzern. Nicht zuletzt schadete ihm die Fortführung des Krieges gegen Deutschland und Österreich, dessen Sinn die große Mehrheit der Bevölkerung nicht verstand und dessen Opfer sie nicht weiter tragen wollte. Sechs Milliarden Goldrubel schuldete Russland den Verbündeten Frankreich und Großbritannien, die auf Rückzahlung bestanden.

Die Verwaltungsstrukturen des russischen Reiches waren total zusammengebrochen. In einzelnen großen Städten hatten die Arbeiter- und Soldatenräte die Macht übernommen, aber über die Stadtgrenzen hinaus hatten sie wenig Einfluss – selbst der Petrograder Sowjet konnte nur die Hauptstadt regieren. In vielen Städten und Dörfern hatten sich solche Komitees unter verschiedenen Namen für selbstständig erklärt. Der Staat bedeutete ihnen nichts, manche riefen ihre regionale oder lokale Unabhängigkeit aus. Nach dem Zusammenbruch aller staatlichen Autorität und des russlandweiten Polizei- wie Beamtenapparats gab es keine vom Volk anerkannten Strukturen mehr. Das Bemühen um eine demokratische Revolution, die von Konservativen wie Linken in Petrograd beschworen wurde, stieß ins Leere. Dem Zerbrechen des Imperiums schien auch diesmal der Sturz in die Anarchie zu folgen.

Lenin hatte kein Interesse am Überleben eines Parlaments, in dem die Bolschewiki keine Mehrheit erwarten konnten. Sie kontrollierten nur den Sowjet der Arbeiter und Bauern in Petrograd. Seit September übernehmen sie Schritt für Schritt mit ihm die Macht in der Hauptstadt, Ende Oktober erklären sie die provisorische Regierung für gestürzt, proklamieren die Verteilung des Bodens an die Bauern und das Ende des Krieges. Vergebens versucht der Ministerpräsident Kerenskij noch einmal mit Armeeeinheiten Petrograd zurückzuerobern. Die Zeit der provisorischen Regierung war abgelaufen.

An der Spitze der bolschewistischen Fraktion stand in diesen Jahren eine sehr bemerkenswerte Führungsriege. Es waren brillante Redner darunter, erfahrene Theoretiker, alles Leute, die im Untergrundkampf, in der Verbannung und auch im ausländischen Exil Erfahrungen gesammelt hatten. Die meisten waren vor der Geheimpolizei des Zaren nach Westeuropa oder Amerika geflohen – einige nach Deutschland, mit dem die Bolschewiki weniger verband als andere Gruppen des politischen Russlands. Die Führer der Bolschewiki waren meist welterfahrene Leute, unter denen nur Stalin andere Erfahrungen gemacht hatte: Er hatte in den Untergrundorganisationen des Kaukasus einen weniger intellektuellen, dafür brutalen politischen Kampfansatz erworben, mit dem er in den politischen Auseinandersetzungen von Petrograd zunächst wenig Anerkennung fand. Unter den vielen klugen und gebildeten Führern der Bolschewiki sitze einer, der nichts sei als ein grauer Fleck, und dessen Funktion ganz unklar sei, urteilte Nikolai Suchanow, einer der führenden Männer des Petrograder Sowjets. Für alle Beobachter war klar, dass Lenin die dominierende Figur, der unumstrittene Führer war. Er beherrschte die Parteispitze, auch wenn einige der anderen Führer, die der Basis in Russland näherstanden, sich übergangen und beiseitegeschoben fühlten. Lenin war kein glänzender, angenehmer Redner, eher einer, der mit Wiederholungen und Vereinfachungen auf seine Zuhörer eintrommelte und am Ende eines Ausbruchs in sich zurückzusinken schien. Als er aus der Ferne des Schweizer Exils endlich im revolutionsbewegten Petrograd eintraf, hatte er, wie er es selbst ausdrückte, keinen Zweifel daran, dass er das Steuer der Partei in die Hand nehmen müsse. Für ihn war klar, dass es nun nicht um Streitthemen der marxistischen Theorie gehen könne, sondern jetzt und sofort um die Macht.

DIE DIKTATUR DES PROLETARIATS

Im Zentralkomitee der Partei mochte es noch Auseinandersetzungen darüber geben, in welchen Schritten Russland die Vergangenheit der Autokratie und des Imperiums abstreifen könne. Für Lenin war es klar, dass man die Macht nicht wegen einer politischen Theorie zurückweisen, sondern den Sprung aus dem Feudalismus eines rückständigen Bauernlandes wagen müsse. Gerade weil jene von der marxistischen Theorie vorgesehene Zwischenstufe einer bürgerlichen Demokratie in Russland fast völlig fehlte, weil das Bürgertum zu schwach war, um einen demokratischen Staat zu schaffen, sei der revolutionäre Umsturz möglich und – wie Lenin meinte – notwendig geworden. Nun gehe es darum, diesen Sieg gegen die Feinde von außen und innen zu verteidigen, und die wachsende Bedrohung von außen rechtfertige auch die brutale Unterwerfung aller Gegner und Zweifler, die dem neuen Arbeiterstaat gefährlich werden konnten.

Leo Trotzki, brillanter Redner und Organisator, stellte aus Soldaten, Matrosen und militanten Arbeitern eine schlagkräftige Truppe auf. Als Lenin am 10. Oktober heimlich nach Petrograd zurückkehrte, rief er eine knappe Mehrheit des Zentralkomitees zusammen, die schließlich nach langen Auseinandersetzungen den Beschluss fasste, die Macht in Russland mit militärisch-revolutionären Mitteln zu erobern. In den frühen Morgenstunden des 25. Oktober feuerten die Matrosen des Panzerkreuzers Aurora den ersten Schuss ab. Die aufständischen Truppen besetzten die Schlüsselpositionen. Als es dunkel wurde, kapitulierte die provisorische

Lenin bei den Feiern zum 1. Mai, Moskau 1919

Regierung. Es war eine schnelle, gut organisierte Machtergreifung, und manche Petrograder hatten vom militärischen Umsturz nichts bemerkt, als sie in einem neuen, anderen Russland erwachten.

Während die aufständischen Truppen die Zentren der Stadt besetzten, hatte der Allrussische Sowjetkongress mit Vertretern aus vielen Städten und Regionen Russlands getagt. Die Sozialrevolutionäre und Sozialdemokraten wollten den Kongress unterbrechen, aber die Bolschewiki zogen die Sitzung hin, bis in den frühen Morgenstunden des 26. Oktober ihre neue Macht durch einen Mehrheitsbeschluss bestätigt werden konnte. Lenin war nun – als Vorsitzender des Rats der Volkskommissare – praktisch Ministerpräsident. In der neuen Regierung übernahm Trotzki das Ressort für Auswärtige Angelegenheiten.

Noch in der Nacht hatte Lenin einen Erlass verfasst, der den dringendsten Forderungen eines großen Teils der Bevölkerung entgegenkam: das Gesetz über die Aufhebung des Privateigentums an Grund und Boden und die Aufteilung des Großgrundbesitzes unter die Bauern. Es war ein innenpolitisches Signal für das weite Land, dass die neue Regierung in Petrograd sich nicht nur als Vertretung des Proletariats, sondern gerade auch der viel größeren Zahl der russischen Bauern verstand. Der zweite Erlass der neuen Regierung erreichte alle Menschen in Russland, die längst auf ein Ende des Krieges und die Heimkehr der Armeen warteten: Allen kriegsführenden Staaten und Völkern bot die neue Sowjetregierung einen sofortigen Waffenstillstand und einen ehrenvollen Frieden ohne Annexionen und Kriegsentschädigungen an. Zwei Tage später wiederholten Trotzki und Lenin in einem offenen Funkspruch an alle Völker und Regierungen ihr Angebot eines ehrenvollen Friedens. England und Frankreich, die bis dahin Russlands Verbündete waren, reagierten nicht, aber schon einen Tag später erklärte der deutsche Reichskanzler Graf Hertling den russischen Vorschlag zur geeigneten Grundlage für die Aufnahme von Verhandlungen. Das Auswärtige Amt und der deutsche Generalstab waren auf eine solche Entwicklung besser vorbereitet als Russlands Verbündete. Schließlich hatte die deutsche Politik es Lenin ermöglicht, aus der Schweiz über Deutschland nach Petrograd zurückzukehren und die russische Regierung unter Druck zu setzen. Die Reichsregierung in Berlin und die Sowjetregierung in Petrograd brauchten den Frieden. Die deutschen Militärs brauchten die an der Ostfront gebundenen Truppen, wenn sie eine Niederlage an der Westfront vermeiden wollten.

EIN ERPRESSTER FRIEDEN UND DIE ERHOFFTE WELTREVOLUTION

In den Trümmern von Brest-Litowsk traf Ende 1917 die Delegation der Sowjetregierung auf die Vertreter der Kriegskoalition, die gegen Russland stand: das Deutsche Reich, Österreich-Ungarn, Bulgarien und die Türkei. In der deutschen Delegation fühlte man sich als

Sieger. Ihr Leiter, der Staatssekretär von Kühlmann, fasste die allgemeine Meinung zusammen: Die Russen hätten nur eine Wahl – nämlich mit welcher Soße sie verschlungen werden wollten. Offiziell war der russische Vorschlag eines Friedens ohne Annexionen und Kriegsentschädigungen die Verhandlungsgrundlage. Tatsächlich versteckte sich hinter der deutschen Zustimmung zu dieser Formel die Entschlossenheit, der russischen Seite territoriale Zugeständnisse bis zur Auflösung des russischen Reiches und seines Vielvölkerstaats abzupressen. Litauer, Polen, Letten, Esten und Finnen sollten nicht mehr zu Russland gehören, und selbst Weißrussland und die Ukraine, Uraltbestandteile des russischen Reichs, sollten als selbstständige Staaten zum deutschen Einflussgebiet werden. Der Vertreter der Obersten Heeresleitung, General Hoffmann, legte die deutschen Forderungen mit Nachdruck auf den Verhandlungstisch. Joffe, der Leiter der sowjetischen Verhandlungsdelegation, wollte sich diesen Forderungen widersetzen. Von Frieden ohne Annexionen könne man nicht sprechen, wenn dem russischen Reich Gebiete in der Größe von 18 Gouvernements genommen werden sollten, sagte er «mit Tränen der Wut in den Augen».

Auf mehr als einen vierwöchigen Waffenstillstand vermochte man sich in der ersten Verhandlungsrunde nicht zu einigen. Als die Verhandlungen Anfang Januar 1918 wieder aufgenommen wurden, saß der deutschen Delegation ein anderer Verhandlungsführer gegenüber: der Kommissar für Auswärtige Angelegenheiten, Trotzki selbst. Der erfahrene Taktiker und blendende Redner setzte auf Zeitgewinn. In Petrograd rechneten die Führer der Bolschewisten damit, dass die Revolution bald alle Grenzen nach Westen überrollen und in Europa eine grundsätzlich veränderte Lage schaffen würde. Im Januar 1918 hatte es große Streiks in Wien und Berlin gegeben, und die Zeitungen in Petrograd berichteten, dass mehr als eine Million Arbeiter in Deutschland in den Ausstand getreten seien. Gestützt auf solche Informationen und von revolutionärem Enthusiasmus verleitet, glaubte die Sowjetregierung, allein der Zeitgewinn werde ihre Verhandlungsposition grundsätzlich verbessern. Trotzki hielt die Verhandlungen mit langen, revolutionären Reden hin. Er und Lenin kämpften um eine Atempause. Sie wollten das Überleben der Revolution um jeden Preis retten, aber diese Kapitulation vor dem zugleich deutschen und kapitalistischen Feind stieß in Russland auch bei Lenins Anhängern auf Widerstand. Statt ein Diktat der Schande und Unterwerfung anzunehmen, verlangten sie einen revolutionären Krieg gegen die deutschen Imperialisten. Trotzki fand schließlich eine Formulierung, mit der sich ein Ende der militärischen Aktionen begründen ließ: Russland zog sich aus dem Krieg zurück, weigerte sich, die deutschen und österreichischen Bedingungen anzunehmen, und erfand die Formel, Russland befände sich in einer Situation, die weder Krieg noch Frieden sei.

Damit aber ließen sich die Forderungen der deutschen Obersten Heeresleitung nicht mehr zurückweisen. Die Forderung nach der Besetzung der Kornkammer Ukraine war für die deutsche Kriegsführung zum fast allgemein akzeptierten Schlagwort geworden. Mitte Februar setzte die Oberste Heeresleitung die deutschen Truppen an der ganzen Ostfront in Marsch, angeblich als Antwort auf Hilferufe aus der Ukraine und dem Baltikum. Sie stießen kaum auf Widerstand, sondern konnten einen großen Teil des Vormarsches in russischen Eisenbahnzügen bewerkstelligen. Die baltischen Staaten und die Ukraine waren bald besetzt, selbst auf der Krim und am Nordkaukasus standen nun deutsche Soldaten. Fast wäre Petrograd in deutsche Hände gefallen, aber die deutschen Marschkolonnen wurden gerade noch bei Pskow gestoppt. Trotzki und die meisten bolschewistischen Führer lehnten die deutschen Friedensbedingungen ab, um sich und die Partei nicht den Vorwürfen ihrer Gegner auszusetzen. Lenin aber war es wichtiger, mit dem Frieden wenigstens das Überleben eines Sowjetstaats zu sichern. Er nannte die Bedingungen, die vom Deutschen Reich gestellt wurden, schamlos und fand einen Vergleich in der deutsch-russischen Geschichte: Als Napoleon dem König von Preußen in Tilsit gegen den Widerstand des Zaren seine Bedingungen aufgezwungen habe, seien damit der Wiederaufstieg Preußens und dessen ruhmreiche Kriegstaten in der Zukunft nicht verhindert worden – eine Erinnerung an eine andere deutsch-russische Konstellation, in der ein Zar Preußen vor der Auslöschung bewahren wollte.

Die Verhandlungen von Brest-Litowsk endeten mit einem Ultimatum, an dessen Ende Russland die deutschen Forderungen annahm und damit einen großen Teil seines Territoriums verlor. Das russische Imperium existierte nicht mehr, das Land schien nicht einmal mehr die Größe des moskowitischen Reiches zu haben, das dreihundert Jahre zuvor in der Zeit der Unordnung zerfallen war. Nun war nicht mehr Petrograd, das frühere St. Petersburg, das Fenster zum Westen, die Hauptstadt Russlands, sondern das alte Moskau im Herzen des Landes. Unter dem Druck der Deutschen hatte die Sowjetregierung auf ein Viertel Russlands verzichten müssen.

BÜRGERKRIEG UND NEUE BEZIEHUNGEN: RAPALLO

Was blieb, war ein von blutigem Bürgerkrieg zerrissenes Land, das gegen feindliche Armeen von außen kämpfte und im Inneren in einen grausamen Vernichtungskampf gegen die Feinde der revolutionären Herrschaft verwickelt war. Für viele Gegner der Revolution war die Kapitulation vor Deutschlands Forderungen der Beweis dafür, dass die Sowjets Russland verraten hätten. Patriotische Generale und Offiziere sammelten Truppen, um sie aus verschiedenen Teilen des Landes gegen die Sowjetregierung in der neuen Hauptstadt Moskau zu führen. Die ausländischen Interventionsgruppen, Engländer, Franzosen und Japaner, unterstützten die gegenrevolutionären Armeen im Norden, Osten und Süden mit Geld und Soldaten. Die deutsche Regierung hielt dagegen: Im Juli 1918 stellte das Reichsschatzamt in Berlin dem kaiserlichen Gesandten in Moskau vierzig Millionen Mark «für den fraglichen Zweck» – die Unterstützung der Sowjetregierung – zur Verfügung, um die kommunistische Revolution retten zu helfen.

Bei den Verhandlungen von Brest-Litowsk hatten die deutschen Militärs und Diplomaten härteste, auch demütigende Bedingungen durchgesetzt. Aber durch die ebenso harten Bedingungen des Versailler Vertrags, mit denen der Weltkrieg im Westen endete, hatten die westlichen Alliierten Deutschland zu einem Schicksalsgenossen Russlands gemacht. Die neue Regierung in Berlin und die Sowjetregierung in Moskau fanden sich zusammen in der Hoffnung, gemeinsam ihre Interessen gegenüber den Siegermächten des Krieges vertreten zu können.

Ansätze dazu gab es schon relativ früh. Am Rande von Verhandlungen über den Austausch von Kriegsgefangenen suchte die sowjetische Delegation auch auf Anweisung Lenins Kontakt zu deutschen Firmen, die vor dem Weltkrieg im Russlandgeschäft gewesen waren: Die Lieferung von Lokomotiven war der Anfang, Verhandlungen mit großen Unternehmen der Rüstungsindustrie folgten. Die Verträge zwischen deutschen Firmen und sowjetischen Behörden hingen freilich in der Luft, solange es keine gegenseitige staatliche Anerkennung und keinen Handelsvertrag gab. So drängte ein Teil der deutschen Industrie das Außenministerium zur Aufnahme diplomatischer Beziehungen, unterstützt von führenden Vertretern der deutschen Heeresleitung. «Nur im festen Anschluss an ein Großrussland habe Deutschland die Aussicht auf Wiedergewinnung seiner Weltmachtstellung», formulierte General von Seeckt, der sich auf Bismarcks Politik berief. Der deutsche Außenminister Walter Simons formulierte es so: «Der Kommunismus als solcher ist kein Grund, weshalb eine deutsche republikanische und bürgerliche Regierung nicht mit der Sowjetregierung Handel treiben sollte.» Zwar gab es auch Konservative wie den Unterhändler von Brest-Litowsk, General Hoffmann, der gemeinsam mit den Westmächten einen Krieg zur Befreiung Russlands vom Bolschewismus zu führen und damit Deutschland wieder zur Großmacht zu machen hoffte. Aber bei der militärischen Führung wie bei der großen Industrie fanden sie keine Unterstützung mehr. Vielmehr breitete sich in Deutschland wie in Russland die Überzeugung aus, beide Länder seien in Gefahr, von den Staaten des Westens erpresst und unterdrückt zu werden. Auf einer internationalen Konferenz in Genua im April 1922 standen die deutschen Reparationszahlungen ebenso auf der Tagesordnung wie die Rückzahlung der ausländischen Anleihen, mit denen die Regierung des Zarenreiches hauptsächlich die Kriegskosten bezahlt hatte – Schulden in Höhe von fast 14 Milliarden Goldrubeln, die Moskau weder bezahlen konnte noch wollte. Die beiden ehemaligen Kriegsgegner fanden sich nun als verarmte und entrechtete Schuldner zusammen.

Die deutsche Konferenzdelegation war nicht – wie die anderen – in Genua untergebracht worden, sondern isoliert in dem Städtchen Rapallo. Nachts um ein Uhr bat der sowjetische Delegationsführer seinen deutschen Gegenspieler ans Telefon und bot sofortige Besprechungen an. Bei einer nächtlichen Sitzung, bei der die deutschen Delegationsmitglieder hart aneinandergerieten, fiel die Entscheidung für das Gespräch mit dem sowjetischen Vertreter. Nach zähen Verhandlungen unterschrieben die Außenminister Deutschlands und Sowjetrusslands, Rathenau und Tschitscherin, den drei Seiten langen Vertrag von Rapallo. Der Vertrag war weder ein Bündnis noch ein Nichtangriffspakt, eher ein Abkommen, das gewisse juristische Schwierigkeiten in der Zusammenarbeit aus der Welt schaffen und die wirtschaftlichen Beziehungen auf eine gleichberechtigte Grundlage stellen sollte. Aber er enthielt auch die sofortige Aufnahme der diplomatischen Beziehungen zwischen dem Deutschen Reich und der Russischen Föderation der Sowjetrepubliken. Die tiefste Wirkung hinterließ die Tatsache, dass dieser Vertrag ohne Kenntnis und Beteiligung der westlichen Mächte abgeschlossen worden war. Deutschland und Russland waren als selbstständige und gleichberechtigte Spieler in die internationale Politik zurückgekehrt.

Was von den westlichen Staaten als Brüskierung empfunden wurde, löste auch in Deutschland eine erregte Diskussion aus.

Reichspräsident Friedrich Ebert sprach für die Kräfte, die auf enge Zusammenarbeit mit den demokratischen Nachbarn im Westen setzten, und hätte Außenminister Rathenau und den Delegationsführer von Maltzan am liebsten entlassen. Auf der äußersten Rechten im Parlament beschimpfte die sogenannte nationale Opposition Außenminister Rathenau als Juden, der Deutschland an die Bolschewisten verschachere. Aber als es im Reichstag zur Abstimmung kam, wurde der Vertrag von Rapallo mit überwältigender Mehrheit akzeptiert. Eine neue deutsche Ostpolitik hatte begonnen, die sich über Polen und die Tschechoslowakei hinweg direkt auf Moskau ausrichten sollte. Zu ihr gehörte nicht nur die Förderung des Handels, wie es die deutsche Industrie wünschte, sondern auch die militärische Zusammenarbeit. Russische Offiziere besichtigten deutsche Reichswehreinheiten, deutsche Offiziere erhielten ihre Ausbildung in Russland, die Junkers-Werke begannen mit dem Bau einer Flugzeugfabrik bei Moskau. In geheimer Zusammenarbeit wurden Soldaten der Reichswehr entgegen den Verboten der westlichen Siegermächte in Russland an modernen Waffen ausgebildet.

Zwei Linien deutscher Ostpolitik liefen nebeneinander her: die sogenannte Bismarck-Politik der militärischen Absprachen, die Deutschland als Verbündeten Russlands – auch durch eine neue Teilung Polens – zur europäischen Großmacht machen sollte, und eine zweite, bescheidenere Konzeption der intensiven wirtschaftlichen und von Fall zu Fall politischen Kooperation. Die Führer der Sozialdemokraten und der bürgerlichen demokratischen Partei setzten, trotz der harten Forderungen besonders aus Frankreich, auf eine Politik der Annäherung an die westlichen demokratischen Staaten. Aber als französische Truppen ins Ruhrgebiet einmarschierten, nahm die Regierung in Moskau entschieden Stellung gegen das «imperialistische Frankreich, das in seiner unersättlichen Eroberungsgier das deutsche Volk zu würgen und zu erpressen versuche». Trotzki ließ die Deutschen und die Franzosen wissen, dass die Rote Armee marschieren werde, falls Polen mit französischer

Rückendeckung weitere Teile Oberschlesiens zu erobern versuche. Lenin befand, dass das Deutsche Reich als einzig möglicher Partner in der europäischen Politik unterstützt werden müsse. Die deutschen Kommunisten ließ er anweisen, dass sie sich trotz ihrer inneren Auseinandersetzungen über die eigene politische Linie mit den radikaleren nationalen Gruppierungen Deutschlands zu verbünden hatten. Als nach Sprengstoffanschlägen und Überfällen auf französische Truppen einer der Kämpfer des nationalen Widerstands, Schlageter, standrechtlich erschossen wurde, nannte ihn der Deutschland-Beauftragte der Kommunistischen Internationale, Karl Radek, «einen mutigen Soldaten der Konterrevolution», der es verdient habe, «von uns, den Soldaten der Revolution, männlich und ehrlich gewürdigt zu werden». Radek erinnerte an Gneisenau und Scharnhorst, die preußischen Helden des jungen deutschen Nationalismus, die mit Hilfe Russlands Napoleon im Freiheitskrieg geschlagen hätten. Dies war eine Wendung gegen den Westen, die die alte Vorstellung von einer Schicksalsgemeinschaft der Russen und der Deutschen erfolgreich wiederzubeleben versuchte. Linke und konservative Intellektuelle, kommunistische und nationalistische Parteifunktionäre waren von diesem «Schlageter-Kurs» fasziniert.

DER TRAUM VON DER DEUTSCH-RUSSISCHEN GEMEINSCHAFT

Auch diejenigen deutschen Intellektuellen, die nicht zu den Anhängern der rechten oder linken Radikalen gehörten, fühlten in diesen Jahren eine besondere Verbundenheit zu Russland und seiner Kultur, und vieles, was sie an ungenauen, aber begeisterten Berichten aus der Sowjetunion hörten, überzeugte sie davon, dass sich dort der «russische Gedanke», das besonders tiefe russische Gefühl, auf gewaltige Weise verwirkliche – als Kulturereignis frei von jener Kleinlichkeit und Berechnung, die an den demokratisch-kapitalistischen Ländern des Westens so abstoßend schienen. Es gab, wie Thomas Mann sagte, eben auch in Deutschland Slawophile, und er meinte damit Menschen, die sich wie die russischen

Slawophilen des 19. Jahrhunderts gegen den rationalistischen Westen wandten. Linke, Liberale und Konservative konnten sich vom neuen Sowjetstaat als einer Verwirklichung der «breiten russischen Natur» angezogen fühlen. Zugleich wurden nüchterne Industrielle durch das Potential des einstweilen noch wirtschaftlich daniederliegenden Staats angezogen, auch wenn sie in ihrem Urteil über den Bolschewismus und seine deutschen Parteigänger deutlich zurückhaltender blieben. Fast uneingeschränktes Lob kam aus einer unerwarteten Richtung: Ein ehemaliger Oberst im Generalstab, Max Bauer, ein Vertrauter General Ludendorffs, Freikorpsmann und rechter Putschist, berichtete nach einer Moskaureise im Ton der Begeisterung über die neuen Führer Russlands. Deutsche Intellektuelle kamen mit ehrlicher Sympathie für die Dynamik des Aufbruchs von Russlandreisen zurück, voll der Hoffnung, ein idealistischer Neubeginn könne in Deutschland zu einer ähnlichen geistigen Erweckung führen. Selbst die Flüchtlinge aus dem bolschewistischen Russland wurden in Deutschland als Botschafter der bewundernswert modernen Kunst und Literatur des Sowjetstaats verstanden. Moderne Architektur, Musik und besonders Literatur aus Sowjetrussland faszinierten ein Berlin, in dem Tausende, die vor der Sowjetherrschaft fliehen mussten, Unterschlupf fanden. So setzte sich aus den verschiedensten widersprüchlichen Elementen in den Jahren der Weimarer Republik der Wunschtraum von einer deutsch-russischen Gemeinschaft zusammen.

GEWALT DES BOLSCHEWISMUS

In Russland war es Lenin in seinen letzten Lebensjahren gelungen, die Herrschaft der Sowjetregierung auf feste Füße zu stellen. Trotzki hatte ihr eine schlagkräftige Armee geschaffen, die sich nicht nur auf revolutionäre Begeisterung, sondern auch auf den russischen Patriotismus stützen konnte. In der Armee des Sowjetstaats kämpften fast 80 Generale, die einmal dem Zaren gedient hatten, und – nicht immer freiwillig – 80 000 ehemalige Offiziere. Das Gefühl, Russland zu dienen, machte es ihnen leichter, sich in eine Armee einzuordnen, in der das Misstrauen der revolutionären Kader gegen ehemalige Mitglieder der Ober- und Mittelklasse und gegen ehemals selbstständige Bauern unvermindert scharf war. Der Schatten eines Verdachts genügte oft, sie zu erschießen oder zu Tode zu prügeln.

Der Wille, den Sieg der kommunistischen Revolution mit allen Mitteln zu sichern, hatte zur Schaffung einer geheimpolizeilichen Organisation geführt, der Tscheka, die nun das Sowjetland mit einem so dichten Netz von Agenten überzog, wie es die Polizeichefs der Zaren nicht hatten schaffen können. Die Erfahrungen mit der zaristischen Geheimpolizei hatten sie angestachelt, nun eine eigene Organisation zur Vernichtung aller wirklichen oder vermuteten politischen Gegner aufzubauen. Gutsbesitzer, Adelige, Großbürgerliche, dann die reicheren Bauern und die Geistlichen wurden als Angehörige der falschen Klasse umgebracht. Als die revolutionären Matrosen von Kronstadt einen Sowjet forderten, in dem die Bolschewisten keine diktatorische Macht haben sollten, wurde ihr Aufstand gnadenlos niedergeschlagen. Der polnische Kommunist Felix Dserschinskij hatte auf Anweisung Lenins nach dem Sieg der Sowjets im Bürgerkrieg ein bis dahin unvorstellbares System der Kontrolle und Verfolgung aufgebaut, das auf jede Spur von Verdacht mit unbeschränkter Gewalt reagieren konnte. Dieser Apparat entwickelte sich nach Lenins Tod zu einem Instrument in den tödlichen Machtkämpfen zwischen den verschiedenen Führern und Flügeln der Partei und ermöglichte es einem der Prätendenten, Stalin, alle bedeutenden Führer der Revolution auszuschalten, aus dem Lande zu treiben und später hinrichten zu lassen.

NEUE WIRTSCHAFTSPOLITIK, INDUSTRIALISIERUNG UND KOLLEKTIVIERUNG

Nach sechs Jahren Krieg, Revolution und Bürgerkrieg war das Land zu erschöpft, um Widerstand zu leisten oder sich begeistert in den Dienst einer neuen Regierung zu stellen. Das System, das sich Kriegskommunismus nannte, hatte unter militärischem Kommando der Roten Armee eine Zwangswirtschaft etabliert, die weder den Arbeitern noch den Bauern Erleichterung brachte. Die Requirierungen der Tscheka, die eigentlich auf den Dörfern nur Überschüsse der Landwirtschaft einsammeln sollte, wurden zur gnadenlosen Plünderung der Ernten und Lebensmittelvorräte. In den Städten brach die Industrie zusammen. Staatssicherheit und Rote Armee mussten Hungeraufstände niederschlagen. Unter diesen Umständen hatte Lenin vor seinem Tode gegen den Widerstand der meisten bolschewistischen Führer eine Wende in der Wirtschaftspolitik durchgesetzt, um den Bürgern des neuen Staats Erleichterungen zu verschaffen. Die NEP, die neue Wirtschaftspolitik, gab dem Markt und der privaten Initiative wenigstens eine begrenzte Chance. Unter der nur scheinbar durchgeplanten Kommandowirtschaft waren industrielle und landwirtschaftliche Produktion weit unter den Stand des Zarenreiches gesunken. Mit der neuen Wirtschaftspolitik begann der Lebensstandard allmählich wieder anzusteigen, sodass 1926 das frühere Pro-Kopf-Einkommen in Russland zu drei Viertel wieder erreicht war. Ein Teil der Bevölkerung war aus den Städten geflohen, und obwohl Millionen Bauern aus ihren Dörfern vertrieben wurden, gab es für die industrielle Produktion immer noch weniger Arbeitskräfte als vor der Revolution. Es war klar, dass auch mit marktwirtschaftlicher Lockerung nicht jener Durchbruch zur industriellen Großmacht zu schaffen war, den die Sowjetunion brauchte, wenn sie den kapitalistischen Mächten wirtschaftlich und militärisch gewachsen sein sollte. Stalin, als neuer Führer von Partei und Staat der Sowjetunion, war entschlossen, mit aller Härte ein Industrialisierungsprogramm durchzusetzen, das die Landwirtschaft gewaltsam kollektivieren und Bauern für den Bau von Fabriken freisetzen sollte. Da mit großen Auslandsinvestitionen oder Anleihen nicht zu rechnen war, würde ein forcierter Wirtschaftsaufbau nur möglich sein, wenn der arbeitenden Bevölkerung in Stadt und Land nur ein Bruchteil ihrer Erzeugnisse als Einkommen zur Verfügung bliebe.

Die Bevölkerung konnte dennoch nach Not- und Hungerjahren Atem schöpfen. Doch nach Lenins Tod begann eine neue Welle der Gewalt, mit der die selbstständigen Bauern ausgepresst und von ihrem Land vertrieben werden sollten. Begeisterte junge Kommunisten, unterstützt von der Nachfolgerin der Tscheka, der GPU, zogen durch die Bauerndörfer, beschlagnahmten die Ernten und bestraften Bauern mit Vertreibung und Tod, wenn sie in Verdacht gerieten, nicht alles abgeliefert zu haben. Proteste und Aufstände ließ Stalin von der Armee niederschlagen. Drei Viertel der ländlichen Bevölkerung der Ukraine wurden aus den Dörfern vertrieben und deportiert – aus dem Land, das einst als Kornkammer Russlands die Eroberungslust des deutschen Generalstabs geweckt hatte. Bei dieser ersten großen Vernichtungsaktion Stalins kamen sieben Millionen Menschen ums Leben. Ihre Rechtfertigung fand diese Politik der gewaltsamen Industrialisierung nicht mehr allein im kommunistischen Wirtschaftsideal. Stalin, der vom Lande eine unerhörte Opferbereitschaft zu erzwingen versuchte, rief nun die traditionellen Werte des russischen Patriotismus zu Hilfe. Russland müsse innerhalb von zehn Jahren fünfzig oder hundert Jahre des wirtschaftlichen Rückstands zu den kapitalistischen Ländern aufholen, oder es sei verloren, erklärte er 1931. Türken, Schweden, Polen, Litauer, französische und englische Kapitalisten und sogar die Japaner hätten es besiegt, weil es militärisch, kulturell, politisch, industriell und landwirtschaftlich ein rückständiges Reich gewesen sei. Nun werde das Land vom Gesetz des kapitalistischen Dschungels bedroht, der alle Rückständigen und Schwachen vernichte. So begann Stalin, die Politik des kommunistischen Staats mit der Berufung auf die Geschichte der zaristischen Imperien zu rechtfertigen.

AUF DEM WEG ZUM SOWJETREICH

Kurz nach der Oktoberrevolution hatte Lenin in einer «Erklärung der Rechte der Völker Russlands» eine Sowjetrepublik als Staat der Zukunft beschworen, in dem die Arbeiterklassen aller Nationalitäten sich frei und freiwillig zusammenschließen sollten. So hoffte die Sowjetregierung, die nicht-russischen Völkerschaften für den Kampf gegen die konterrevolutionären Streitkräfte für sich zu gewinnen. Einigen Völkern wie den Esten, Letten, Litauern und Finnen hatte Lenin zunächst noch den Weg zu einem eigenen Staat geöffnet. Aber indem er das Amt des Volkskommissars für Nationalitäten in der Sowjetregierung an den Georgier Stalin übergab, wählte er gleichermaßen einen Nichtrussen und einen entschiedenen Vertreter der zentralen Machtausübung, der die nicht-russischen Bevölkerungsgruppen einem neuen zentralen Imperium eingliedern würde. Die Sowjetunion war der Verfassung von 1924 nach eine «multinationale sozialistische Föderation» geworden, bestehend aus anfangs vier Unionsrepubliken – Russland, Ukraine, Weißrussland und der Transkaukasischen Förderation –, elf autonomen Republiken (wie zum Beispiel der Kasachen, Tataren und Wolgadeutschen) und dreizehn autonomen Provinzen für kleinere Volksstämme wie die Tschetschenen, Udmurten oder Komi. Die Regierungsorgane des Sowjetstaats, der für das ganze Reich zentral geführte Parteiapparat und die Staatssicherheitsorgane sorgten dafür, dass in diesen nationalen Republiken und Distrikten keine eigenwillige, national bestimmte Politik gemacht werden konnte. Die Macht lag gewöhnlich bei russischen Vertretern der Partei oder der Zentralregierung, die in allen regionalen, nationalen Organen den Posten des Stellvertreters besetzten und die eigentlichen Entscheidungen trafen. Der Kurs wurde in Moskau festgelegt, aber die Erlasse waren zweisprachig – auf Russisch und in der Sprache der jeweiligen Nationalität, die einer Republik den Namen gab.

Die Zentralisierung aller Entscheidungen wurde nun auch zum Leitprinzip der Wirtschaftsentwicklung. Mit dem ersten Fünf-Jahres-Plan begann Stalin 1928, ohne Rücksicht auf Opfer und Kosten die Sowjetunion in einen industrialisierten Staat zu verwandeln. Eine staatliche Plankommission gab auf Anweisung der Parteiführung die Maßnahmen vor, mit denen dieses Ziel erreicht werden sollte: Alle

Wirtschaftsbetriebe waren zu verstaatlichen, die Betriebsleiter hatten festgesetzte Quoten zu erfüllen, die Gewerkschaften bekamen die Aufgabe, die Arbeiter zu steigenden Leistungen anzutreiben. Stalin hatte dem ersten Fünf-Jahres-Plan ein gigantisches Ziel gesetzt: Die Industrie der Sowjetunion sollte um 250 Prozent wachsen, die Schwerindustrie sogar um 330 Prozent. Diese Ziele waren völlig unrealistisch. Die Lebensbedingungen in den Städten verschlechterten sich noch einmal, und der Hunger griff aus den kollektivierten Dörfern auf die Städte über, wo die Menschen in langen Schlangen vor den Geschäften hofften, Lebensmittel kaufen zu können, die fast nur auf dem schwarzen Markt vorhanden waren.

STALINZEIT – SCHEIN UND REALITÄT

Zugleich aber gelang es dem Propagandaapparat der Partei, besonders bei jungen Leuten eine Stimmung des Aufbruchs und der Begeisterung hervorzurufen. Große Plakate verherrlichten die «Erbauer des Sozialismus», die sich zu immer höheren Arbeitsleistungen verpflichteten. Neue Fabriken entstanden im ganzen Land, aber auch Arbeiterquartiere in großen Städten. In Moskau begann der Bau einer U-Bahn, die zum Symbol sozialistischen Fortschritts wurde. Besonders die Jungkommunisten sahen sich in einem heldenhaften Kampf um die Zukunft, in dem sie begeistert Führungsaufgaben übernahmen, die sonst erfahrenen Ingenieuren, Managern und Planern vorbehalten gewesen waren. Die Schwierigkeiten und Fehlschläge wurden nur den Älteren angerechnet, die in Schauprozessen zu Sündenböcken der verfehlten Planung gestempelt wurden. Zensur, Agitation und Propaganda und das Verbot jeglicher kritischer Auseinandersetzung ließen den Sowjetstaat als eine Gesellschaft auf dem Wege zu höchster Modernität erscheinen.

Für viele ausländische Beobachter waren politische Verfolgung und die Beschränkung von Presse- und Meinungsfreiheit nur Randerscheinungen eines eindrucksvollen Durchbruchs zur industriellen Großmacht. In Russland selbst, wo über ein Jahrzehnt lang mehr

Straflager für politische Gegner als Produktionsstätten für die zivile und militärische Wirtschaft entstanden waren, gab es die ersten Erfolge der forcierten Industrialisierung. Tatsächlich war Stalin dabei, die Sowjetunion zu einer modernen militärischen Macht mit einer robusten Rüstungsindustrie zu machen. Im historischen Rückblick könnte es scheinen, Stalin habe damals den Angriff Hitlers und der deutschen Wehrmacht vorausgesehen und das Land darauf vorbereitet. Tatsächlich allerdings schien in seinen außen- und deutschlandpolitischen Vorstellungen ein Krieg keineswegs nahe bevorzustehen.

Die diplomatischen und wirtschaftlichen Beziehungen zwischen Berlin und Moskau blieben nicht ohne Störungen, die sich aus den unterschiedlichen Interessen und Verpflichtungen beider Staaten gegenüber den westlichen Großmächten ergaben. Aber im Ganzen entwickelten sie sich auf allen Gebieten geordnet und geschäftsmäßig. Die deutschen Kommunisten und die Hoffnung auf eine Revolution in Deutschland hatte Stalin schon abgeschrieben, als er das neue Ziel seiner Politik verkündete: «Den Sozialismus in einem Lande aufzubauen.» Manche der Fraktionskämpfe, in denen Stalin Gegner wie Trotzki und Bucharin liquidiert hatte, wurden in Berlin allerdings noch weitergeführt. Die Führung der internationalen kommunistischen Zentrale, der Komintern, mischte sich ein, indem sie deutsche kommunistische Führer an die Spitze der Partei brachte, die Stalin genehm waren. Nicht die Nationalsozialisten, sondern die Sozialdemokraten, die die Moskaupropaganda Sozialfaschisten nannte, galten als der Hauptfeind, den die deutschen Kommunisten bekämpfen mussten. Stalin hatte die Sozialdemokraten als Zwillingsbrüder der Faschisten bezeichnet, die insofern gefährlicher waren, als die Macht der Nationalsozialisten seiner Ansicht nach in wenigen Jahren zerbrechen würde. Die äußere Bedrohung ging für die sowjetische Führung von Amerika, England und Frankreich, den kapitalistischen Mächten, aus, deren geistige Verbündete die von der westlichen Demokratie angezogenen Sozialdemokraten Deutschlands seien.

NATIONALSOZIALISMUS UND SOZIALISMUS: VERBLENDUNG UND VORURTEILE

Die Ziele, die Adolf Hitler in Veröffentlichungen und Reden dargelegt hatte, waren natürlich auch in Moskau bekannt, aber zunächst ordnete man seine antislawischen, ostpolitischen und antikommunistischen Bekenntnisse unter jene konfusen und widersprüchlichen Programme ein, die auf der deutschen Rechten wucherten. Was die Nationalsozialisten veröffentlichten, war ohnehin widersprüchlich. Hitlers Propagandachef, Joseph Goebbels, hatte noch 1925 eine geistige Verwandtschaft zwischen Hitler und Lenin gesehen und verkündet, dass sich in Russland im Geiste Dostojewskijs eine große völkische Reinigung vollziehe. Ein von jüdischem Einfluss befreites Russland sei der natürliche Bundesgenosse gegen die Korruption des Westens. Dagegen schrieb Hitler in «Mein Kampf»: «Wir setzen dort an, wo man vor sechs Jahrhunderten endete. Wir stoppen den ewigen Germanenzug nach dem Süden und Westen Europas und weisen den Blick nach dem Land im Osten. Wenn wir heute in Europa von neuem Grund und Boden reden, können wir in erster Linie nur an Russland und an die ihm untertanen Randstaaten denken.»

Als Hitlers braune Kolonnen und seine begeisterten Anhänger am 30. Januar 1933 durch Berlin marschierten und die Machtergreifung ihres Führers feierten, schien man in Moskau zunächst überrascht. Die Parteizeitung Prawda durfte am Tag danach nur eine unkommentierte längere Meldung mit dem Titel «Hitler an der Macht» drucken.

Stalin hatte sich auf keine eindeutige Außenpolitik festgelegt. Die inneren Machtkämpfe und die Krisen der Wirtschaftspolitik mussten für ihn Vorrang haben. Die Zusammenarbeit der sowjetischen und deutschen militärischen Führung hatte sich gut entwickelt, die Basis der außenpolitischen Zusammenarbeit gegen die Westmächte schien auch mit einem Hitler gesichert. Die sofortige kommunistische Weltrevolution war nicht mehr Stalins Ziel, sondern das seiner innerparteilichen Gegner. Zwar wurde von Hitler die größte Kommunistische Partei außerhalb Russlands zerschlagen, aber Stalin schrieb sie als politische Kraft ab, wahrscheinlich in der Erwartung, die wirtschaftlichen und militärischen Beziehungen auch mit der neuen deutschen Reichsregierung fortsetzen zu können. Dafür sprachen realpolitische Interessen, wie sie seit Bismarck die deutsche Haltung mitbestimmt hatten, und die Erfahrung, dass das Zarenreich wie die Sowjetunion der deutschen Politik den Rücken gegen westliche Gegner gestärkt und selbst davon profitiert hatten.

Bis heute haben die russischen Archive keine eindeutige Auskunft darüber gegeben, welche Motive und Planungen Stalins außenpolitischem Denken zugrunde lagen und ob seiner weltpolitischen Analyse nach ein deutsch-sowjetischer Nichtangriffspakt schon früh das Ziel seiner Strategie war. Im Moskauer Außenministerium hatte man keine Zweifel, dass Deutschland unter Hitlers Führung zu einer wachsenden Gefahr für die Sowjetunion werden würde. Aber Stalin verließ sich nicht auf Experten. Einer der Männer, auf die er hörte, war zu dem Schluss gekommen, die innerpolitische Gleichschaltung in Deutschland sei tatsächlich eine Garantie für eine weitere Zusammenarbeit beider Staaten. «Die deutsche Regierung ist jetzt offenbar dabei, sich durch entsprechende innenpolitische Regelungen die außenpolitische Handlungsfreiheit zu schaffen, über die die sowjetische Regierung bereits seit Jahren verfügt», urteilte der ZK-Sekretär Awel Jenukidse. Hitler, so registrierte man in Moskau, hatte zwar den Eroberungsfeldzug nach Osten verkündet, aber nach seiner Machtergreifung durch die militärische Wiederbesetzung des Rheinlands und andere politische Maßnahmen nicht antisowjetisch, sondern antiwestlich gehandelt.

MÖRDERISCHE SÄUBERUNG, RÜSTUNG, KRIEG

In Russland ließ Stalin mit höchstem Druck die Rüstungsindustrie aufbauen, aber zugleich schwächte er das Land, indem er die Männer entmachtete und verhaftete, die diese Armee aufgebaut und schlagkräftig gemacht hatten. Stalin hatte in Schauprozessen und Massenerschießungen bereits Zehntausende als angeblich parteifeindliche Verschwörer vernichten lassen. Über zwanzig Millionen Sowjetbürger wurden schließlich in Arbeitslager gebracht, in denen bis zum Ende der Stalin-Herrschaft die Hälfte der Häftlinge getötet oder gestorben war. 1937 ließ Stalin vom staatlichen Sicherheitsdienst, der inzwischen in den NKWD eingegliedert worden war, eine ungeheuerliche Säuberung in der Armee vollstrecken. Nach offiziellen Angaben wurden 1937 und 1938 35 000 bis 50 000 Kommandeure und Politkommissare verhaftet, von denen etwa drei Viertel spurlos in den Erschießungskellern und Lagern verschwanden. Neunzig Prozent der höchsten Offiziere und der obersten Militärführung wurden verhaftet und erschossen. Ihr fähigster Kommandeur, Marschall Tuchatschewskij, wurde als angeblicher deutscher Spion hingerichtet. Sieben der bekanntesten Generale und alle Admirale ließ Stalin als angebliche Verräter oder Saboteure hinrichten. Am Ende dieser mörderischen Säuberung sollte bis zum Jahre 1943 eine schlagkräftigere Armee aufgebaut sein, die auf die Person Stalins eingeschworen war.

Zu dieser Zeit sah Stalin nicht die Gefahr, dass die Sowjetunion von der deutschen Wehrmacht bald und überraschend angegriffen würde. Der Krieg, den Deutschland im Westen führen wollte, machte es eher wahrscheinlich, dass es die Rückendeckung der Sowjetunion suchen würde. Stalin sah die Chance, einige Jahre Zeit zu gewinnen. Vielleicht hatte er auch den Plan, zunächst mit Hitler gegen die kapitalistischen Mächte und deren Ambitionen am Schwarzen Meer und am Persischen Golf anzutreten. Sein Misstrauen gegen Hitler, das er in Gesprächen mit britischen und amerikanischen Diplomaten äußerte, war dennoch nicht nur gespielt. Und das Münchner Abkommen mit England und Frankreich hatte 1938 Stalins Befürchtungen verstärkt, Hitler könne doch noch verbesserte Beziehungen im Westen nutzen, um zuerst

Russland anzugreifen. In Moskau wie in Berlin schienen realpolitische Überlegungen dafür zu sprechen, sich in geheimen Verhandlungen abzusichern. Die Außenminister Molotow und von Ribbentrop ließen einen Freundschaftspakt erarbeiten, der, als er ganz unerwartet für England, Frankreich und ihre Verbündeten in Moskau abgeschlossen wurde, die Ausgangsposition für den Zweiten Weltkrieg festlegte. Die klassische deutsch-russische Bündniskonstruktion, die den deutschen Truppen im Osten den Rücken freihielt, schien wiederbelebt.

Am 24. August 1939 ließen sich Stalin, Molotow und von Ribbentrop im Kreml fotografieren, gut gelaunt und mit Gesten der Freundschaft, als hätten sie sich nie gegenseitig als «jüdischen Abschaum» oder «Arbeitermörder» bezeichnet. Der Nichtangriffspakt war eine Fortsetzung des alten, von Stresemann abgeschlossenen Vertrages. Der eigentliche Sprengstoff steckte im Geheimprotokoll, das die Interessensphären in Osteuropa absteckte und Russland die Grenzen des alten Imperiums zurückgab. Hitler überließ Stalin etwa die östliche Hälfte Polens, dazu Estland, Lettland, Litauen und einen kleinen Teil Rumäniens und schien sein Interesse an der Herrschaft über den Balkan, die Dardanellen und Persien zu akzeptieren. Hitler hatte dafür die Zusicherung eingehandelt, durch einen Einmarsch in Polen nicht in einen Zweifrontenkrieg hineingezogen zu werden. Wenn die Sowjetunion neutral blieb und Deutschland durch Handel und Wirtschaftshilfe stützte, konnte Hitler dagegen hoffen, im Westen zu siegen und die Wehrmacht zugleich für den Kampf gegen den sowjetischen Todfeind zu stärken.

Aus allen Äußerungen Hitlers geht hervor, dass seine Pläne letztlich zum Krieg gegen die Sowjetunion führen sollten. Weniger deutlich ist, ob auch Stalin die Abkommen mit Hitler-Deutschland nur als kurzfristige Übergangslösung sah. Jedenfalls überschätzte er die Zeitspanne, die er zu gewinnen glaubte.

Ende August 1939 schrieb die Prawda in ihrem Leitartikel: «Der Pakt stimmt mit der Politik der Sowjetunion überein. Wir sind für den Frieden und die Konsolidierung wirtschaftlicher Beziehungen mit allen Ländern.» In Deutschland schrieb die Presseabteilung des Propagandaministers Goebbels für die Berichterstattung über Russland einen «warmen, sympathischen Ton» vor, und selbst die SS-Zeitschrift «Das schwarze Korps» erinnerte daran, dass Russland zweimal in der Geschichte Deutschland gerettet habe. Den deutschen Militärs schien die Gefahr eines Zweifrontenkrieges gebannt. Nun waren sie erst recht von Hitlers außenpolitischer Klugheit überzeugt. Nur die Ostexperten der NSDAP, die jahrelang gegen die slawischen «Untermenschen» und ihre bolschewistischen Gräueltaten gehetzt hatten, waren fassungslos. Verwirrt waren auch die ausländischen Kommunisten, die nach der Vernichtung der innerparteilichen Opposition in der Sowjetunion nun auch die Grundprinzipien der Moskauer Außenpolitik aufgegeben sahen.

Am 1. September 1939 marschierten die deutschen Truppen über die Ostgrenze des Reiches, um den Teil Polens zu besetzen, der im deutsch-sowjetischen Vertrag abgesteckt worden war. Stalin wartete einige Tage länger, ehe er die Rote Armee das östliche Polen besetzen ließ, das ihm von den Deutschen überlassen wurde. England und Frankreich, die vertraglich zum Schutz Polens verpflichtet waren, zogen die Konsequenz und erklärten dem Angreifer Deutschland den Krieg. Der Zweite Weltkrieg hatte begonnen – mit Bündnissen, die im Ergebnis seitenverkehrt erschienen, sich aber unter den damaligen Machtverhältnissen anboten. So jedenfalls dürfte es Stalin gesehen haben. Bei Hitler dagegen waren die alten Kampfparolen aus den Kampagnen gegen Kommunisten und Komintern eindeutig nur für sehr kurze Zeit zurückgestellt. Auch jetzt sprach er mit seinen Generalen und höchsten Mitarbeitern weiter vom «jüdisch-bolschewistischen Todfeind und der Vernichtung der bolschewistischen Kommissare und der kommunistischen Intelligenz». Im Osten werde man den Krieg sehr viel härter führen, als man es im Westen getan habe. Im Übrigen werde das ganze morsche Gebäude des kommunistischen Russland nach ein paar kräftigen Schlägen zusammenbrechen. Die höchsten deutschen Militärs hörten diese Worte anscheinend ohne äußeren oder inneren Widerspruch.

VERNICHTUNGSKRIEG

Alle Warnungen vor einem deutschen Angriff hielt Stalin für falsch, ja für bewusste Irreführung durch die Westmächte, die ihn in einen Krieg mit Deutschland zu drängen hofften, oder für Propaganda trotzkistischer oder anderer innerer Parteifeinde. Die Verstärkung der militärischen Positionen an Russlands Westgrenze ging deshalb nur schleppend voran. Als Hitler am 22. Juni 1941 den Befehl zum Einmarsch in die Sowjetunion gab, stießen die Panzerdivisionen der deutschen Wehrmacht gegen nur schwachen und schlecht organisierten Widerstand schnell auf sowjetisches Territorium vor. Mehr als ein Vierteljahr lang schien es, als könne Hitler den Erfolg des Blitzkriegs im Westen nun gegen die Rote Armee im Osten wiederholen. Die Deutschen und ihre Verbündeten aus Rumänien, Ungarn, Italien und Kroatien stießen auf der ganzen Front vor. Moskau, Petersburg und die Industriestädte in der Ukraine und an der Wolga schienen kurz vor der Eroberung zu stehen. Die sowjetischen Verluste waren ungeheuer. Als die sowjetische Führung gegen Ende des Jahres ihre Armeen so weit reorganisiert hatte, dass sie zum Gegenangriff fähig war, standen deutsche Soldaten tief in Russland, während ein großer Teil der russischen Kraft darauf verwendet werden musste, die russische Schwer- und Rüstungsindustrie nach Osten an den Ural oder weiter nach Westsibirien zu verlagern.

Anfang Dezember standen die Spitzen der deutschen Verbände am Rande von Moskau. Aber die sowjetischen Stellungen hielten den Angriffen stand. Stalin holte neue Militärs in die Führungsposition der Roten Armee, traf aber ähnlich wie Hitler auch gegen den Rat der Militärs weitreichende Entscheidungen selbst. Die Rote Armee war durch Stalins Säuberung so geschwächt, dass sie den Vormarsch der deutschen Einheiten in Südrussland und am Kaukasus kaum verlangsamen konnte. Andererseits hatte Stalins forcierte

Industrialisierung, die so viele Opfer gekostet hatte, seine Armeen mit jenen schweren Waffen ausgerüstet, ohne die auch die Masse ihrer Soldaten nicht hätte durchhalten können. Hitler befahl den deutschen Soldaten, die Stadt Stalingrad an der Wolga zu erobern und um jeden Preis, auch den der völligen Vernichtung, zu halten. Die deutsche Niederlage bei Stalingrad wurde dann ein Wendepunkt von entscheidender psychologischer Bedeutung. Die unerhörten Verluste unter Soldaten und Zivilisten, die Stalins Versäumnisse dem Volk auferlegt hatten, erschienen jetzt gerechtfertigt. Von nun an konnte er das patriotische Gefühl der Russen anrufen und die Massen seines Volks zur Verteidigung der Freiheit Russlands mobilisieren. Nun beschwor er große Männer der russischen Geschichte, die zuvor in der historischen Sicht der Kommunisten nur Ausbeuter und Volksfeinde gewesen waren – Zaren wie Peter den Großen, Generale wie Suworow und Kutusow, die Napoleon geschlagen hatten. Die orthodoxe Kirche, jahrelang unterdrückt, durfte Stalin nun zu Hilfe kommen. Er ließ das Patriarchat in Moskau wieder errichten, damit es gemeinsam mit der Kommunistischen Partei zum vaterländischen Krieg, zum Kampf gegen die fremden Eroberer aufrufe – gut kontrolliert durch die Mitgliedschaft der hohen Geistlichen als inoffizielle Mitarbeiter des Geheimdienstes.

Als die Deutschen in der Ukraine einmarschierten, hatte ein Teil der Bevölkerung sie nicht unfreundlich empfangen. Nach den Schrecken der Bauernverfolgungen und Säuberungen hatten sich die Menschen gefragt, ob die neuen Herren nicht besser oder wenigstens erträglicher seien als die vertriebenen Bolschewisten. Hitler aber hatte sich bedingungslos für eine Ostpolitik entschieden, die keinerlei Zusammenarbeit mit Völkern der Sowjetunion vorsah, sondern auf die totale Vernichtung ihrer Institutionen und auf längere Sicht auch aller Einwohner setzte. Über das riesige Land im Osten sollten nun Germanen herrschen, genauer gesagt Deutsche. Herrschaft bedeutete nicht mehr nur, dass die Behörden in den eroberten Gebieten deutschen Befehlshabern unterstehen sollten, und auch nicht, dass ihnen die neuen Herren eine angeblich überlegene Kultur aufdrängen wollten. Der Reichsführer der SS, Heinrich Himmler, hatte nicht nur die Vernichtung der Juden angeordnet, sondern gefordert, dass «nur Menschen rein deutschen Blutes den Osten bevölkern».

Eine Vernichtungspolitik, wie sie der deutschen Besatzung der westlichen Sowjetunion zugrunde lag, hatte es in früheren Kriegen und Konfrontationen zwischen Deutschen und Russen niemals gegeben. Sie machte es unmöglich, dass Gegner der Kommunisten, etwa unter Berufung auf deutsch-russische Waffenbrüderschaft im napoleonischen Krieg, auf Seiten Deutschlands gegen die Regierung in Moskau antraten. Unter gebildeten und eher konservativen deutschen Offizieren gab es noch immer so etwas wie eine Russlandschwärmerei, die sich an der Tiefe des russischen Gemüts und der endlosen Weite des Landes begeisterte. Aber es war eine abstrakte Liebe zu Russland, die folgenlos blieb, wenn gefangene Kommissare umstandslos erschossen wurden und Hunderttausende von russischen Kriegsgefangenen verhungerten und verreckten. Die wahnsinnigen Rassetheorien Hitlers und der Führer der Nationalsozialisten waren noch immer die Richtschnur der deutschen Russlandpolitik, als Hitlers Armeen schon längst auf dem verlustreichen Rückzug waren. Wie Stalin zur Zeit des deutschen Einmarsches befohlen hat, alles zu zerstören, was den Deutschen nutzen konnte, und bis zum letzten Mann und zum Tod zu kämpfen, so befahl Hitler nun den bedingungslosen Kampf bis zur Selbstzerstörung – aber ohne die Hoffnung darauf, mit militärischen Reserven die Niederlage abzuwenden.

EIN NEUES IMPERIUM

Am 30. April 1945 standen russische Soldaten in Berlin auf dem Reichstagsgebäude und pflanzten ein «Banner des Sieges» auf, das ihnen von Moskau aus mitgegeben worden war. Nicht Hitler in seinem Bunker war das Ziel der letzten und verlustreichen Angriffsaktionen des Krieges, sondern die Eroberung des deutschen Reichstags. Dies war der eigentliche Augenblick des patriotischen Triumphs, nicht die Identifizierung der Leiche Hitlers, der in seinem Bunker Selbstmord begehen konnte und dessen Schicksal Stalin geheimzuhalten befahl.

Mit dem Sieg im Zweiten Weltkrieg hatte sich die Position der Sowjetunion in der Welt verändert. Zwar war sie durch die Kriegsverluste geschwächt, aber ihr Ansehen und Einfluss waren so stark gewachsen, wie es weder das Zarenreich noch der Staat der revolutionären Bolschewisten erreicht hatten. Polen, Bulgarien, Rumänien, Ungarn und die Tschechoslowakei gehörten nicht nur zur sowjetischen Einflusszone, sondern durch ihre von den Sowjets eingesetzten oder kontrollierten Regierungen praktisch zum neuen russischen Imperium, auch wenn sie in der internationalen Politik scheinbar unabhängig auftraten. Das geteilte Deutschland aber blieb ein Sonderfall, da seine zukünftige Form nicht nur zwischen Westalliierten und Sowjetunion, sondern auch in der innersow-

Stalin mit Roosevelt und Churchill auf der Konferenz von Teheran, 1943

jetischen Diskussion über eine zukünftige Deutschlandpolitik umstritten war.

Mit den sowjetischen Truppen kam eine kleine Gruppe deutscher Kommunisten aus dem Moskauer Exil – Überlebende jener Säuberungen, in denen Stalin mehr führende deutsche Kommunisten hatte umbringen lassen als Hitler, dem er in der Zeit des Nichtangriffspakts auch über 800 kommunistische und antifaschistische Emigranten ausliefern ließ. Die überlebenden kommunistischen Funktionäre, unter ihnen Walter Ulbricht, sollten für die sowjetische Militäradministration die Verwaltung des östlichen Teils Deutschlands organisieren. Die deutschen Kommunisten mochten hoffen, ihren Teil Deutschlands zum Kerngebiet eines sozialistischen deutschen Staats zu machen oder ihm den Status einer Volksdemokratie wie Polen oder der Tschechoslowakei zu geben. In Moskau scheuten Stalin und sein Nachfolger davor zurück, internationale Verhandlungspositionen aufzugeben. Stalin gab der sowjetischen Deutschlandpolitik daher keine eindeutige Richtung, sondern behielt sich Raum zum Manövrieren vor, besonders als es mit Beginn des Kalten Krieges deutlich geworden war, dass eine Ausdehnung der sowjetischen Macht auf ganz Deutschland oder eine Lösung Westdeutschlands aus seiner Bindung an die westlichen Mächte in einem übersehbaren Zeitraum nicht in Frage kam.

NACHKRIEGSPOLITIK IM GETEILTEN DEUTSCHLAND

Das geteilte Deutschland unter der Kontrolle der Siegermächte konnte so bald kein Partner für außenpolitische Spiele alten Stils werden. Die Erinnerung an den Hitler-Stalin-Pakt ließ die westlichen Mächte auf alle sowjetischen Konstruktionen wie einen gesamtdeutschen Rat mit entschiedener Ablehnung reagieren. Der Alliierte Kontrollrat wurde durch das gegenseitige Misstrauen beschlussunfähig. Der Endpunkt gemeinsamer Entwicklungen in Deutschland war erreicht, als eine Währungsreform 1948 die wirtschaftliche Lage in Westdeutschland stabilisierte. Nach amerikanischer Ansicht sollte die neue Währung auch für Westberlin gelten, doch nach sowjetischer Ansicht wäre sie ein Fremdkörper auf dem Territorium der sowjetischen Besatzung geworden. Am 24. Juni 1948 setzten die sowjetischen Streitkräfte Stalins Plan um, den Personen- und Güterverkehr vom Westen nach Berlin zu unterbrechen, die drei Westsektoren auszuhungern, die sowjetische Besatzungszone von einem unkontrollierbaren Fremdkörper zu befreien und sie zugleich durch den Besitz der alten deutschen Hauptstadt symbolisch aufzuwerten. Aber der Westen blieb den sowjetischen Forderungen gegenüber unnachgiebig. Eine Luftbrücke verhinderte, dass die sowjetischen Kontrollposten und die aufgefahrenen Armeeeinheiten die Versorgung völlig unterbrechen und Berlin aushungern konnten. In Westdeutschland betrieben Amerikaner, Engländer und Franzosen nun die Konstituierung einer eigenständigen Bundesrepublik Deutschland. Die Sowjets antworteten mit der Schaffung der Deutschen Demokratischen Republik. Falls es in Moskau die Hoffnung gegeben hatte, einen sowjetfreundlichen deutschen Einheitsstaat zu schaffen, so hatte sich diese Aussicht zerschlagen. Der erste Kanzler Adenauer und die Regierungsparteien in Bonn suchten Sicherheit in der festen Bindung an den Westen und grenzten sich scharf gegen Sowjetunion, DDR und Kommunisten überhaupt ab. Die Sozialdemokraten standen unter dem Eindruck der erzwungenen Vereinigung mit den Kommunisten, durch die die sowjetischen Militärbehörden die SPD auf ihrem Territorium entrechtet hatten, und unter dem Eindruck der Verhaftungen und Verfolgungen ihrer Funktionäre durch sowjetische und deutsche KGB-Agenten.

Noch einmal schien es, als wollte Stalin die Voraussetzungen für eine Wiederbelebung der alten deutsch-russischen Koalitionspolitik schaffen, als er in Noten an die drei Westmächte 1952 die Wiedervereinigung und Neutralisierung Deutschlands vorschlug. Zeitweise schien er freie Wahlen unter bestimmten Bedingungen zugestehen zu wollen. Doch verengten sich die sowjetischen Bedingungen von

Note zu Note. Stalin, so erinnerte sich einer seiner außenpolitischen Mitarbeiter vierzig Jahre später, habe die Ablehnung seiner Vorschläge erwartet und die Annahme eher befürchtet.

Als zweite Atommacht der Welt hatte die Sowjetunion zwar eine stärkere Position denn je, aber die inneren Machtverhältnisse in Osteuropa waren noch nicht stabil. Stalin konnte es nicht riskieren, sie in Gefahr zu bringen, indem er die Hoffnung zuließ, die sowjetische Herrschaft lasse sich zurückdrehen. Auch die drei Westmächte waren nicht bereit, die Stalin-Noten darauf abzuklopfen, welche Chancen in seinen Vorschlägen stecken könnten, und der deutsche Bundeskanzler Konrad Adenauer lehnte jedes Risiko ab, das sich aus sowjetischen Kontrollbefugnissen in einem nach Stalins Bedingungen vereinigten Deutschland ergeben hätte. So oder so war Stalin kein wünschenswerter Verhandlungspartner, denn in der Sowjetunion und ihrem Machtbereich hatte sich die politische Unterdrückung aller national-kommunistischen Tendenzen mit der Verurteilung und Hinrichtung jüdischer kommunistischer Funktionäre derart verschärft, dass die Zusammenarbeit mit Stalins Reich und seinem Geheimpolizei-Apparat für jeden lebensgefährlich erschien. Stalin durchlebte seine letzten Jahre in einer Art Verfolgungswahn, die alle anderen hohen sowjetischen Funktionäre um ihr Leben fürchten ließ. Jedenfalls blieb ihm nicht mehr die Zeit zu einer neuen Konzeption der sowjetischen Deutschlandpolitik.

Am 5. März 1953 starb Joseph Stalin auf seiner Datscha in Kunzewo bei Moskau. Die Männer, die sein Erbe antreten sollten, erwachten aus der Schreckensstarre, in die der tote Diktator sie am Ende seines Lebens versetzt hatte. Das Reich, das er ihnen hinterließ, war weit größer, als das Imperium der Zaren gewesen war, und der Einfluss Moskaus, politisch, wirtschaftlich und militärisch, reichte weit über die Grenzen hinaus nach Asien, Afrika und Mittelamerika. Trotzdem hatte das geteilte Deutschland für die sowjetischen Politiker immer noch ein besonderes Gewicht. Mit

Verärgerung bemerkte die sowjetische Führung, dass Walter Ulbricht, Parteichef der SED, mit seinem Drängen auf völkerrechtlich gesicherte Selbstständigkeit die Spannungen mit den westlichen Mächten schürte und den Kurs der sowjetischen Außenpolitik zu beeinflussen suchte, den Moskau doch allein bestimmte. Das sowjetische Politbüro legte den DDR-Führern nahe, den verschärften Kurs zum Aufbau des Sozialismus abzumildern. Als es im Juni 1953 nach einem Protest der Bauarbeiter gegen die Erhöhung der Arbeitsnormen in mehreren hundert Orten der DDR zu Demonstrationen und Streiks kam, mussten sowjetische Truppen eingreifen, um die Herrschaft über die DDR zu retten. Besonders der mächtige Chef des KGB, Beria, misstraute Ulbrichts Ambitionen und erwog, sich von der unbeweglichen DDR-Führung durch eine neue Deutschlandpolitik zu befreien und zugleich durch Abkommen mit Amerika und der Bundesrepublik die wirtschaftliche Entwicklung der Sowjetunion zu finanzieren. Aber im Moskauer Machtkampf, der auf Stalins Tod folgte, unterlag der Chef der Geheimpolizei anderen Mitgliedern des Politbüros und wichtigen Generälen der Sowjetarmee. Ulbricht und die DDR-Führung waren noch einmal gerettet, die reformbereiten Funktionäre endgültig ausgeschaltet.

Im Westen wurde die Bundesrepublik ein souveräner Staat und trat dem Nordatlantikpakt bei. Im Osten wurde die DDR in den Warschauer Pakt eingegliedert. Auf den großen internationalen Konferenzen zeigte sich, dass Fragen der Wiedervereinigung auf unbegrenzte Zeit nicht mehr auf der internationalen Tagesordnung stehen würden. Aber die neue kollektive Führung in Moskau, die den Platz der Sowjetunion in der Welt auch durch Kontakte und diplomatische Beziehungen sichern wollte, testete die Möglichkeiten einer Kooperation mit der nun selbstständiger agierenden Bundesrepublik Deutschland. Der erste Sekretär der KPdSU und Vorsitzende des Politbüros, Nikita Chruschtschow, lud unerwartet den deutschen Bundeskanzler Konrad Adenauer nach Moskau ein. Adenauer zögerte, prüfte die Reaktion der westlichen Verbündeten, in deren Medien immer wieder das Misstrauen gegen eine deutsch-sowjetische Konspiration auftauchte, und trat schließlich eine Reise an, die ins Ungewisse zu führen schien. Er fühle sich, als ob er in das Hauptquartier einer Räuberbande reise, bemerkte Adenauer zu Journalisten in Bonn. Es wurde eine höchst ungewöhnliche Konferenz mit Gefühlsausbrüchen, heftigen Anklagen, humorigen Trinksprüchen und einem ungewöhnlichen Höhepunkt: In der ehemaligen Zaren-Loge des Bolschoi-Theaters erhoben sich Bundeskanzler Adenauer und Ministerpräsident Bulganin am Ende einer Ballett-Aufführung. Wie sich die Väter Romeos und Julias über den Leichen ihrer Kinder in die Arme fielen, so hielten sich Adenauer und Bulganin eine Minute lang an den Händen, und es sah aus, als würden sie sich gleich trauernd in die Arme fallen. Die Zuschauer im Saal applaudierten begeistert und gerührt. Es war ein Bild, das den Russen ans Herz ging. Manchen schien dies wie ein Schlussstrich unter die Leiden des Krieges und die Rückkehr zu guten Zeiten in der Geschichte deutsch-russischer Beziehungen. In den Berichten sowjetischer Medien aber kam diese Szene nicht vor.

Bei den Verhandlungen selbst kam man sich zunächst nicht näher, und der deutsche Außenminister von Brentano drängte darauf, die Konferenz abzubrechen und sofort zurückzureisen. Adenauer und Chruschtschow aber wollten ein Scheitern vermeiden, weil es sie beide, wenn auch auf unterschiedliche Weise, im Verhältnis zu den außenpolitischen Verbündeten und Gegnern geschwächt hätte. So kam es am letzten Abend auf dem Empfang im Georgsaal des Kreml zu einer informell geschlossenen Vereinbarung: Ministerpräsident Bulganin gab Adenauer sein Ehrenwort, dass die letzten 10 000 Kriegsgefangenen nach Deutschland zurückgesandt würden. Die Bundesregierung akzeptierte im Gegenzug, was sie zuvor um jeden Preis vermeiden wollte: die Aufnahme diplomatischer Beziehungen mit der Sowjetunion. Damit hatte Bonn den Grundsatz aufgeben müssen, dass kein Land sowohl die Bundesrepublik Deutschland als auch die DDR anerkennen dürfe –

allerdings mit dem Hinweis, dass die Sowjetunion eine Ausnahme sei, da sie als eine der vier Siegermächte eine besondere Rolle im Konflikt um die Wiedervereinigung einnehme.

DIE NEUEN BEZIEHUNGEN ZWISCHEN DER SOWJETUNION UND DEUTSCHLAND

Moskau und Bonn tauschten Botschafter aus, aber die neue Verbindung brachte keine Bewegung in das deutsch-sowjetische Verhältnis. Nur die Wirtschaftsbeziehungen wurden allmählich intensiver, was aber weniger das Ergebnis außenpolitischer Aktivität als der konzentrierten Bemühungen deutscher Industrieller und Exporteure war. Ihre Vertragsabschlüsse wurden von den westlichen Industriestaaten misstrauisch untersucht und von der Bundesregierung aus bündnispolitischen Rücksichten nicht gefördert. Tatsächlich musste die deutsche Industrie einen Vertrag über die Lieferung von Röhren gegen Erdgas 1962 auf Druck der Bundesregierung – und der Amerikaner – aufkündigen. Als das Erdgas-Röhren-Geschäft acht Jahre später im Zuge der Ostpolitik Willy Brandts dann doch zustande kam, hatte es Leonid Breschnew in Moskau nicht leicht, das Geschäft gegen den Widerstand der Staatsplankommission und führender Parteileute durchzudrücken. Ähnlich wie westliche Politiker zuvor, nur umgekehrt, kritisierten jetzt die sowjetischen Hardliner und Planer, dass sich die russische Wirtschaft von dem deutschen Großabnehmer abhängig mache – die Auswirkung eines politischen Misstrauens, das bis heute auf beiden Seiten nicht verschwunden ist.

In Moskau hatte Nikita Chruschtschow im Februar 1956 in seiner großen Geheimrede auf dem 20. Parteitag zum ersten Mal über Verbrechen Stalins berichtet und zugleich die These entwickelt, Kriege zwischen den großen Mächten seien nicht mehr unvermeidlich und die Welt daher auf dem Wege zu einer friedlichen Koexistenz der Systeme. Aber alle von Ost wie West zur Debatte gestellten Zwischenlösungen für die deutsche Frage und die Zukunft Europas blieben im Bereich politischer Propaganda. Die

Sowjetunion hatte andere Prioritäten als die Deutschlandpolitik. Sie musste ihre Herrschaft über Osteuropa festigen, nachdem die Kommunisten in Polen aus der Kritik an Stalins System Konsequenzen zu ziehen versuchten und in Ungarn schließlich im Oktober 1956 der große Aufstand ausbrach. Die Sowjetarmee schlug ihn mit Soldaten und Panzern nieder. Moskau wollte keine Reformen, die das ganze Herrschaftsgebiet aufs Spiel setzten. In der DDR-Politik hieß das, dass Moskau auf Ulbricht und den harten Kurs seiner Leute setzte.

Chruschtschows Deutschlandpolitik war sprunghaft wie seine außen- und innenpolitische Linie insgesamt. Er stellte den drei Westmächten in Deutschland Ende 1958 unerwartet ein Ultimatum: Innerhalb von sechs Monaten müssten sie Berlin in eine freie Stadt verwandeln und auf ihre Rechte in den drei Sektoren der ehemaligen deutschen Hauptstadt verzichten, sonst werde die DDR-Regierung die sowjetischen Rechte in Berlin erhalten. Das Ultimatum löste noch einmal intensives Nachdenken über einen Friedensvertrag, Volksabstimmungen in Ost und West oder ein blockfreies Deutschland aus, aber die Verhandlungen und Konferenzen über eine Deutschlandregelung verliefen nun endgültig im Sande. Die Beziehungen zur Bundesrepublik Deutschland stellten in der sowjetischen Außenpolitik nur noch einen mäßig wichtigen Posten unter anderen dar. Chruschtschow, der ungeduldig den jungen amerikanischen Präsidenten Kennedy auf die Probe stellen wollte, gab dem langen Drängen der DDR-Regierung nach und erlaubte Ulbricht 1961 die Abriegelung Ost-Berlins und der DDR durch den Bau der Mauer. Am Checkpoint Charlie standen sich amerikanische und sowjetische Panzer gegenüber, zwischen denen für deutsch-russische Politik kein Platz blieb.

NEUE OSTPOLITIK

Erst sechs Jahre später, nach Chruschtschows Sturz im Jahr 1964, konnte eine deutsche Regierung, die SPD-FDP-Koalition unter dem Kanzler Willy Brandt, mit größter Vorsicht und taktischer Klugheit – und mit Blick auf das Misstrauen der westlichen Verbündeten – das Gespräch mit Moskau auf eine neue Bahn setzen. Staatssekretär Egon Bahr erörterte 1970 mit Außenminister Gromyko ausgiebig die Frage der Position Deutschlands im Verhältnis zu Osteuropa. Dann fuhr Bundeskanzler Brandt auf Einladung Ulbrichts zu einem Besuch in die DDR, wo er in Erfurt den Ministerpräsidenten Willi Stoph zu einem Gespräch traf. Es blieb ergebnislos, rief aber in Moskau Besorgnis hervor, besonders weil große Menschenmengen den westdeutschen Bundeskanzler mit Sympathie und Begeisterung begrüßen wollten. Unsicher, was Ulbricht mit Kontakten zur Bundesrepublik bezweckte, ließ Moskau ihn durch seinen jüngeren Konkurrenten Erich Honecker absetzen. Erst lange später, als die streng geheim gehaltenen Verhandlungen zwischen Bahr und unterschiedlichen sowjetischen Gesprächspartnern eine realistische Grundlage für ein Übereinkommen zwischen Moskau und Bonn erkennen ließen, machte die Regierung in Bonn deutlich, wie sie ihre neuen außenpolitischen Beziehungen zu regeln plante. In den USA war das Misstrauen gegen die außenpolitische Aktivität der Deutschen kaum geringer als die Bedenken, die in den Staaten Osteuropas wieder auflebten. Auch für eine Mehrheit der Deutschlandexperten in Moskau konnte ein zukünftiges wiedervereintes Deutschland nur eine DDR unter Schutz und Kontrolle der Sowjetunion sein. Sie sperrten sich hartnäckig gegen eine Verbesserung der Beziehungen zur Bundesrepublik. Auch als Breschnew seine Bedenken aufgegeben hatte, verbesserte Beziehungen zur Bundesrepublik müssten eine Schwächung der DDR nach sich ziehen, und als nach langen Verhandlungen und persönlichen Gesprächen mit Willy Brandt der Moskauer Vertrag zwischen der Sowjetunion und der Bundesrepublik Deutschland im August 1970 zur Unterschrift kam, war der Widerstand im sowjetischen Apparat noch so stark, dass der Chef des sowjetischen Fernsehens es wagen konnte, die Studios für die Übertragung einer Ansprache Willy Brandts an die Deutschen in der Bundesrepublik zu sperren.

Breschnew persönlich musste sich zweimal einschalten, damit in Moskau außerhalb des Staatsfernsehens ein Studio gefunden werden konnte, aus dem Willy Brandt zu den deutschen Zuschauern über den historischen Vertrag sprechen konnte.

Der Moskauer Vertrag war als eine Übereinkunft angelegt, mit der die sowjetische Führung das politische und besonders das wirtschaftliche Verhältnis zur Bundesrepublik Deutschland verbessern wollte, ohne die Erwartungen der DDR-Führung auf eine gesicherte Existenz zu enttäuschen. Tatsächlich gewannen die Wirtschaftsbeziehungen für Moskau und Bonn schnell an Bedeutung. Die verbesserten Kontakte führten dazu, dass die Bundesrepublik Deutschland zunehmend weniger als Feind und gerade auch bei der Bevölkerung und der Industrie als ein Partner im Westen angesehen wurde.

VERFALL EINER GROSSMACHT

Der Vormachtanspruch der Sowjetunion über einen großen Teil der nördlichen Halbkugel war doppelt geschwächt. Der Einmarsch sowjetischer Truppen in Afghanistan hatte die politischen Spannungen mit dem Westen verschärft und zugleich neue und für die sowjetische Wirtschaft empfindliche Sanktionen hervorgerufen. In dieser Phase wirkte es beruhigend auf die führenden Männer des Politbüros, dass Bundeskanzler Schmidt bei einem Moskaubesuch erläuterte, die Bundesrepublik werde zwar ihre Sportler aus Protest gegen die sowjetische Afghanistan-Invasion von der Teilnahme an den Olympischen Spielen in Moskau zurückziehen, aber die wirtschaftliche Zusammenarbeit trotz des amerikanischen Drucks nicht einstellen. Dies war für Breschnew besonders wichtig, weil sich die sowjetische Wirtschaft in einer Phase der Stagnation, ja des Produktionsrückgangs befand. Der riesige Planungsapparat und die vielen und großen Ministerien in Moskau blockierten alle Reformansätze, die die sowjetische Industrie in Gang bringen sollten. Die Landwirtschaft war in einem Zustand, in dem die Versorgung des Landes nur noch durch gewaltige Weizenimporte aus Kanada, den USA und Argentinien gesichert werden konnte. Stagnation und Produktionsrückgang waren der politischen Führung der Sowjetunion durchaus bekannt, aber alle Warnungen der wirtschaftswissenschaftlichen Forschungsinstitute und der Akademie der Wissenschaften führten bei der überalterten Führungsgruppe im sowjetischen Politbüro nur dazu, dass die beteiligten Wissenschaftler und Institute getadelt oder bestraft wurden, ihre Forschungsergebnisse und Ratschläge aber unbeachtet blieben. Die Sowjetunion lebte von ihren Erdöl- und Rohstoffexporten, die achtzig Prozent ihres Außenhandels ausmachten. Aber selbst die Erdölindustrie war inzwischen in schlechtem Zustand und konnte ihre Produktion nicht mehr steigern.

In der Bevölkerung waren die alten Herren aus dem Politbüro längst zu Witzfiguren geworden. Die Menschen erlebten, wie sich die alltägliche Versorgung ständig verschlechterte, die Schlangen vor den Lebensmittelgeschäften täglich länger wurden, gutes Fleisch oder ordentliche Kleidung nur noch unter der Theke zu kaufen waren. Seit 1980 waren die Sozialleistungen reduziert worden, die Kindersterblichkeit gestiegen, die medizinische Versorgung für die Mehrheit der Bevölkerung immer schlechter geworden. Die Abhängigkeit von Beziehungen zur Bürokratie oder Oberschicht und die gegenseitige Vorteilsannahme wurden zur Grundlage des Alltagslebens wie des wirtschaftlichen Austausches. Die großen Ansprachen der Parteiführer aber blieben unverändert voll des Lobes auf den Triumph des realen Sozialismus. In Wirklichkeit war der innere Verfalls- und Fäulnisprozess bereits in vollem Gange. Um ihren Führungsanspruch zu rechtfertigen, musste die Partei immer häufiger an ihre Leistung im Zweiten Weltkrieg erinnern, als sie das Land vor den Deutschen gerettet habe. Bei steigender Unzufriedenheit der Bevölkerung berief sich die Partei auf die Siege über die Tataren auf dem Schnepfenfeld und über Hitler-Deutschland, um ihren Anspruch mit der patriotischen Geschichte Russlands zu legitimieren.

Einer, dessen Apparat den wirklichen Zustand der Sowjetunion ziemlich genau kennen musste, war der Chef des Staatssicherheitsdienstes Jurij Andropow. Er war überzeugt davon, dass die Sowjetunion wieder eine klar formulierte ideologische Grundlage für ihre Politik brauche, wenn sie dem eigenen Volk gegenüber glaubwürdig bleiben sollte. Der Geheimdienstchef, ein Intellektueller im Politbüro, glaubte an den Erfolg einer Mischung aus Ideologie und harter Disziplin. Aber Andropow kam im November 1982 als todkranker Mann an die Macht und war fünfzehn Monate später tot. Er hatte vergeblich versucht, das jüngste Mitglied des Politbüros, Michail Gorbatschow, zu seinem Nachfolger aufzubauen. Die alten Männer wählten jedoch wieder einen der ihren, bei dem sie sich vor Veränderungen und Überraschungen sicher glaubten. Konstantin Tschernenko war 72 Jahre alt, auch er ein schwerkranker Mann, der nur noch elf Monate zu leben hatte.

MICHAIL GORBATSCHOW VERÄNDERT DAS LAND

Das letzte Jahrzehnt war von einer überalterten Führung bestimmt worden, die den Verfall des sowjetischen Reiches auch äußerlich sichtbar machte. 1985 holte sich das Politbüro mit dem vergleichsweise jungen Michail Gorbatschow einen Mann an die Spitze, der durch seine sachliche, realitätsnahe Haltung bei jüngeren Funktionären und Wissenschaftlern Ansehen gewonnen hatte. Er erschien als ein dynamischer Praktiker, ein Kenner der Probleme von Industrie und Landwirtschaft und als einer, der die versteinerten Strukturen der Sowjetunion einer Reformkur unterziehen würde. Seine Vorstellungen hielten sich dabei zunächst im Rahmen dessen, was unter Andropow kurzzeitig in Gang gesetzt worden war: Kampagnen gegen den Alkoholismus, die Korruption und die Stagnation des bürokratischen Systems. Das Stichwort hieß: «Uskorenije», Beschleunigung. Gegen die erstarrte Front der bürokratischen Politik setzte er aber auch die Forderung nach «Glasnost» – nach Offenheit und Transparenz. Je tiefer er in die Probleme eindrang, umso deutlicher wurde ihm, dass eine «Perestroika» – ein gründlicher Umbau des Systems – notwendig war, um das Überleben des sozialistischen Staats zu sichern. Gorbatschow versuchte mit Lösungen, wie sie vor Stalins Herrschaftszeit angedacht worden waren, die Wirtschaft und die Politik wiederzubeleben. Seit Nikita Chruschtschow als Generalsekretär nach Stalins Tod die versteinerte Partei zum Leben zu erwecken versuchte, hatte kein Parteiführer die Ruhe seiner Kollegen mit so umfassenden Reformprogrammen gestört.

Gorbatschow, ein Mann aus der Provinz, hatte bei einigen Auslandsreisen die Augen offen gehalten. Auch das unterschied ihn von den älteren Führern, die ihre wenigen Auslandsreisen durchweg als Pflichtbesuche absolvierten. Gorbatschow war 1975 als sowjetischer Ehrengast eines DKP-Kongresses in Stuttgart gewesen und hatte die Gelegenheit genutzt, um zum ersten Mal eine westliche Stadt anzusehen. Er hatte sich sogar, wie er sich später erinnerte, mit dem Besitzer einer Tankstelle unterhalten. Der habe zu ihm gesagt, von Stalin gebe es zwar den Spruch «die Hitlers kommen und gehen, das deutsche Volk aber bleibt». Aber am Ende des Krieges habe die Sowjetunion das deutsche Volk gespalten. Damals wie bei späteren Erörterungen der deutschen Teilung äußerte Gorbatschow die Ansicht, dass die Westmächte einen gesonderten Staat in Westdeutschland unterstützt hätten, ehe die Deutsche Demokratische Republik überhaupt entstand. Daher könne sich jeder realistische Politiker seither einzig und allein an der Existenz zweier deutscher Staaten orientieren. Vieles spricht dafür, dass Gorbatschow wie alle anderen sowjetischen Führer zunächst der Ansicht war, eine Lösung der deutschen Frage werde erst später einmal im Laufe historischer Veränderungen auf die Tagesordnung kommen.

So sammelte er Auslandserfahrungen zunächst in Kanada, England, Frankreich und Italien. Gipfelkonferenzen in Genf, Reykjavik und Washington zeigten, dass der neue Generalsekretär die Fragen der weltpolitischen Konfrontation ohne Scheuklappen studiert hatte und über einen Beraterstab verfügte, der neue Konzepte der sowjetischen Politik erforschen und erklären konnte. Die neue sowjetische Außenpolitik stützte sich auch auf die modernen Verhältnisse: Wenn ein Atomkrieg nicht mehr als führbar galt, brauchte die Außenpolitik nicht länger das Kräfteverhältnis zwischen den Militärblöcken in den Mittelpunkt zu stellen, und ein Ende des Wettrüstens wurde vorstellbar. Damit könnte aus der friedlichen Koexistenz eine langfristige Kooperation zwischen Ost und West werden, mit der beide die großen Umwelt- und Menschheitsprobleme gemeinsam angehen könnten. Gorbatschow ging davon aus, dass der Umbau der Sowjetunion nur in einem internationalen Umfeld Erfolg haben konnte, in dem wachsendes Vertrauen den Weg zu Rüstungskontrolle und Abrüstung öffnete. Mit zäher Entschlossenheit wiederholte und erneuerte er seine Vorschläge, wenn sie am Misstrauen der Amerikaner und Westeuropäer zu scheitern schienen und im Moskauer Politbüro auf Ablehnung stießen.

Alle seine deutschlandpolitischen Überlegungen gingen zunächst von der Existenz zweier deutscher Staaten im europäischen Haus aus. Aber die Kontakte mit deutschen Politikern und die offiziellen Besuche wurden häufiger, und Gorbatschows wichtigste Berater bezogen immer öfter Veränderungen der Deutschlandpolitik in die außenpolitischen Überlegungen ein. Manchmal kam es zu Eintrübungen. 1986 hatte Bundeskanzler Kohl in einem Interview Gorbatschow als einen bloßen Propagandisten vom Schlage Goebbels' bezeichnet, und die sowjetische Seite hatte daraufhin schon vereinbarte Ministertreffen abgesagt. Beim Staatsbesuch von Bundespräsident von Weizsäcker in Moskau hob Gorbatschow hervor, er teile mit ihm das Bewusstsein einer gemeinsamen europäischen Kultur und der gegenseitigen Abhängigkeit aller Länder Europas. Außenminister Genscher konnte vertraute Beziehungen zu seinem Kollegen Schewardnadse aufbauen, die eine sachliche Diskussion der gemeinsamen Probleme ermöglichten – zumal Gorbatschow und Schewardnadse die Blockadepolitik der alten Deutschlandexperten deutlich missbilligten. Das getrübte Verhältnis zu Bundeskanzler Kohl ließ sich reparieren. Im Oktober 1988 trafen sich Gorbatschow und Kohl zu zehnstündigen Gesprächen in Moskau und schlossen eine ganze Reihe von Regierungsabkommen ab. Zum ersten Mal führte auch ein Verteidigungsminister der Bundesrepublik ein ausführliches Gespräch mit seinem sowjetischen Amtskollegen. Eins war bei solchen Begegnungen jedoch stets deutlich: Auf sowjetischer Seite hielt man daran fest, dass es auf lange Zeit zwei inzwischen historisch gewachsene deutsche Staaten geben werde. Nur in den Veröffentlichungen sowjetischer wissenschaftlicher Institute tauchten von nun an andere Überlegungen auf, die die DDR-Regierung jedes Mal sofort zu Protesten veranlassten. Die Teilung Deutschlands, hieß es in den Vorlagen der Experten, sei nicht so alt, dass man von zwei Nationen sprechen könne. Das europäische Haus könne nur auf sicherem Fundament errichtet werden, wenn man sich der Auseinandersetzung mit der deutschen Frage nicht länger entziehe.

AUF DER SCHWELLE DER WIEDERVEREINIGUNG

Aber die Frage der Wiedervereinigung stand nicht auf dem Programm des Besuchs, den Michail Gorbatschow im Juni 1989 der Bundesrepublik abstattete. Trotzdem wurde sein Empfang durch die deutsche Bevölkerung zu einer überwältigenden Überraschung für die Zuschauer des sowjetischen Fernsehens, zumal in den Übertragungen deutlich zu erkennen war, dass dies nicht organisierter politischer Jubel war, sondern so etwas wie ehrliche Begeisterung und Herzlichkeit. Die Fernsehzuschauer in der Sowjetunion entdeckten, dass ein altes Feindbild der Deutschen offenbar zerbrochen war. Wenn Gorbatschow für die Deutschen die Hoffnung auf eine friedliche Zukunft Europas verkörpern konnte, dann musste diese Bundesrepublik, die in der Propaganda selbst in der Phase der Ostpolitik Willy Brandts als gefährlich, feindselig und revanchistisch beschrieben worden war, sich verändert haben.

Die konservativen Funktionäre in der Partei und viele ranghöhere Generäle in der Armee beunruhigte diese Entwicklung. Einer der konservativen Gegenspieler Gorbatschows im Politbüro, Jegor

Ligatschow, warnte im Fernsehen vor den Gefahren der neuen Politik: Die Menschen in der Sowjetunion müssten eine Demontage des Sozialismus und die Rückkehr zu Kapitalismus und parlamentarischer Demokratie fürchten. Er hatte sich zu seiner Rede vor dem Denkmal auf dem Feld von Kulikowo aufgestellt, wo einst der russische Aufstand das Land von der Herrschaft der Tataren und Mongolen befreit hatte. Wie andere Konservative vertrat er die Ansicht, Gorbatschows Osteuropapolitik habe verspielt, was Stalin im Zweiten Weltkrieg für die Sowjetunion gewonnen habe. Tatsächlich hatte jedoch Gorbatschow die Stimmung in der großen Mehrheit des Volkes richtiger eingeschätzt als die Konservativen. Die Entlassung der osteuropäischen Staaten aus dem Warschauer Pakt beeindruckte die meisten Russen wenig – wie später auch der Abzug der russischen Truppen aus Ostdeutschland und die Entlassung auch der DDR aus dem sowjetisch-russischen Reich. Dass er die Konfrontationspolitik mit ihren teuren Besatzungs- und Rüstungskosten und weltweiten Subventionen für Gegner des Westens abbaute, schien der Mehrheit der Bürger im armen Russland vernünftig. Die Hauptklage beim Abzug der russischen Truppen aus Deutschland war später lediglich, Gorbatschow habe die Deutschen nicht genug für die Wiedervereinigung bezahlen lassen.

Gorbatschow zog auch die sowjetischen Truppen aus dem sinnlos gewordenen Krieg in Afghanistan zurück, ohne dafür mehr als eine formelle Gegenleistung der Amerikaner einzufordern. Er schuf die Voraussetzungen dafür, dass die USA und die Sowjetunion zum ersten Mal in der Geschichte die Verschrottung einer ganzen Klasse von Atomraketen vereinbaren konnten und arbeitete Schritt für Schritt auf ein Abkommen hin, das die Begrenzung und den Abbau der gefährlichsten Waffe der Menschheitsgeschichte näher brachte. Nicht nur zum Westen, auch zu den sozialistischen Staaten Osteuropas begann sich das Verhältnis der Sowjetunion grundsätzlich zu ändern. Nun drohte nicht mehr das militärische Eingreifen der Sowjetarmee, wenn Länder wie Polen und Ungarn den Weg politischer Reformen beschreiten wollten. Die Breschnew-Doktrin, mit der 1968 der militärische Einmarsch in die Tschechoslowakei gerechtfertigt wurde, als man dort Reformen für einen «Sozialismus mit menschlichem Antlitz» verwirklichen wollte, war so tot wie Breschnew und nicht mehr die Grundlage der Zwangsverhältnisse im Warschauer Pakt.

Gorbatschow hoffte, dass auch die konservativen kommunistischen Führer Schritt für Schritt zu einer Reformpolitik finden würden und dass sich in den Staaten Osteuropas die inneren Spannungen abbauen würden, ehe sie sich explosiv entluden. Das galt auch für die DDR, deren Führer lange darauf gesetzt hatten, dass die Dogmatiker in der sowjetischen Bruderpartei Gorbatschows Reformkurs stoppen würden, ehe er auch auf Ostdeutschland übergriff. Doch diese Rechnung ging nicht auf. In der sowjetischen Hauptstadt war man nicht mehr bereit, die kommunistische Herrschaft in Ostdeutschland mit militärischen Mitteln zu stabilisieren und dafür die Öffnung zu einer europäischen Politik zu blockieren. Gorbatschows engste Berater waren der Ansicht, die DDR-Grenze könne nicht immer von der sowjetischen Armee verteidigt werden. Selbst der KGB-Chef Wladimir Krjutschkow, eineinhalb Jahre später einer der Hauptverschwörer im Putsch gegen Gorbatschow, war im Januar 1990 der Ansicht, die Tage der SED seien gezählt: «Sie ist kein Hebel und keine Stütze mehr für uns.» So müsse man das russische Volk langsam an die Wiedervereinigung Deutschlands gewöhnen und zugleich aktiv für die ehemaligen Mitarbeiter von KGB und Innenministerium der DDR eintreten. Ministerpräsident Ryschkow, auch er später einer der Putschisten, erklärte, die DDR zu erhalten sei unrealistisch. Alle Barrieren seien bereits weggefegt, die Wirtschaft breche zusammen und alle Einrichtungen des Staates seien aufgelöst. Aber er warnte davor, die DDR «in die Hände von Kohl» zu legen. Dann werde Deutschland in 20 bis 30 Jahren einen neuen Weltkrieg vom Zaun brechen. Deutschlandkenner des Zentralkomitees der Partei resignierten: Honecker verstehe die Welt nicht mehr, Krenz sei ein alt gewordener FDJ-Funktionär, Modrow ein Beamtentyp – selbst der KGB-Chef hielt ihn nur für eine Übergangsfigur. Gorbatschows Besuch in der DDR hatte auf Seiten ihrer Führer keine Einsicht in die Notwendigkeit neuer politischer Reformen gezeigt, sondern nur ihre Isolation von den Menschen, die Gorbatschow, aber nicht Honecker zujubelten. Im engsten Beraterkreis um Gorbatschow und Außenminister Schewardnadse diskutierte man die Frage, ob es sinnvoll sei, dass die Sowjetunion selbst die Mauer öffnete, und erhob Zweifel daran, ob der Westen mehr wolle, als nur Sowjetunion und Bundesrepublik Deutschland in eine Konfrontation zu treiben.

Mit der Mauer fiel 1989 schließlich das ganze staatspolitische Gebäude der DDR in sich zusammen. Auf die Öffnung war in Moskau niemand vorbereitet. Selbst die sowjetische Botschaft in Ostberlin hatte keinen Hinweis erhalten und keine Warnung an das Außenministerium weitergegeben.

DAS IMPERIUM ZERBRÖCKELT

Gorbatschow und fast alle sowjetischen Politiker unterschätzten, wie viel Sprengstoff sich in den Völkern der Sowjetrepubliken angesammelt hatte. In den baltischen Staaten, in Armenien und Georgien, schließlich unter den Führern der Ukraine, Weißrusslands und Kasachstans hatte sich die Unzufriedenheit darüber angestaut, dass sie als untergeordnete Teile eines russischen Reiches behandelt und vom Zentrum ausgebeutet würden. Sogar in der großen Russischen Sowjetrepublik, die das ganze Territorium des Reiches von der Ost- bis zur Westgrenze überspannte, fühlten sich die Parteifunktionäre von der Zentrale Moskau entrechtet. Das Imperium begann vom Zentrum wie von den Rändern zu zerbröckeln. Gorbatschow wollte eine modernisierte Sowjetunion mit einem neuen Unionsvertrag zusammenhalten, der die Befehlsgewalt des Zentrums durch freiere Übereinkünfte reformieren sollte. In vielen Republiken ging das den Führern nicht weit genug, während die alten

Funktionäre in der Moskauer Parteizentrale sich jeder Reform der Machtverhältnisse in der Union widersetzten.

Als der Präsident der Sowjetunion, Michail Gorbatschow, zu einem Urlaub am Schwarzen Meer reiste, schien einigen Leuten aus der alten Führung der sowjetischen Politik der Augenblick gekommen, seine Reformen mit Gewalt zurückzudrehen und die Unterzeichnung eines erneuerten Unionsvertrags zu verhindern. Am 19. August 1991 meldete sich im Fernsehen ein selbsternanntes «Notstandskomitee», das verkündete, Gorbatschow sei aus gesundheitlichen Gründen vom Amt des Präsidenten befreit. Die Komiteemitglieder, ein halbes Dutzend Funktionäre aus Partei, Armee, Geheimdienst und Landwirtschaft, ließen Soldaten und Panzerko-

Ein Putschversuch der Funktionäre, ununterstützt von der Bevölkerung, 1991

lonnen nach Moskau einrücken, die von den Menschen auf der Straße mit Misstrauen und ohne Begeisterung betrachtet wurden. Ihr einziger öffentlicher Auftritt im Fernsehen zeigte eine Gruppe nervöser, unkonzentrierter Funktionäre auf einer Pressekonferenz, die ihrer Machtergreifung keinerlei Glaubwürdigkeit verleihen konnten.

Nach 24 Stunden war der sogenannte Putsch am Ende – gescheitert an den Moskauer Bürgern und dem Präsidenten Russlands, Boris Jelzin, der einen Panzer erklettert und zum Widerstand aufgerufen hatte. Zehntausende von Moskauern hatten sich um das Weiße Haus, das Parlamentsgebäude, aufgestellt, und eine Panzerkolonne war auf ihre Seite übergegangen. Es war ein Bild uneingeschränkt friedlichen Widerstands, mit dem sich einzelne Armeeeinheiten verbündeten. Erst spät abends kam es zu einem Zusammenstoß: Eine Panzerkolonne kam feuernd aus einem Tunnel an der Moskauer Ringstraße und versuchte eine Sperre aus Autobussen zu durchbrechen. Es schien eine plan- und ziellose Aktion, aber drei junge Männer, die die Panzer stoppen wollten, wurden getötet – die einzigen Todesopfer des Putschversuchs. Ihr Tod war für Zehntausende von Moskauern der Anlass, sich mit Jelzin gegen das Putschkomitee und zugleich gegen die Kommunistische Partei der Sowjetunion zu stellen.

Über dem Gebäude des Zentralkomitees der Kommunistischen Partei wurde die rote Fahne eingeholt und die weiß-blau-rote Fahne Russlands aufgezogen. Vor der Lubljanka, der Zentrale des KGB, stürzten junge Leute das Denkmal von Felix Dserschinskij, dazu stand einer auf dem Sockel und spielte Ziehharmonika. Mit dem Gründer des gefürchteten sowjetischen Geheimdienstes, der das ganze Leben der Sowjetunion beherrscht hatte, schien auch das vierte russische Imperium, die Sowjetunion, zerbrochen zu sein.

5

FREIHEIT, UNORDNUNG UND DIE NEUE LIEBE ZUR HERRSCHAFT – RUSSLAND AM BEGINN DES FÜNFTEN IMPERIUMS?

Michail Gorbatschow kam – wie er meinte – als Präsident der Sowjetunion aus der kurzen Isolierung auf der Krim nach Moskau zurück. Aber die Putschisten hatten mit der Union auch das Amt des Präsidenten der UdSSR zerstört. Die Macht lag nun beim Präsidenten Russlands, Boris Jelzin. Er war in 30 Jahren in der Partei aufgestiegen, vom Funktionär in einem der Industriezentren am Ural zum Parteichef von Moskau. Jahrelang hatte er sich in Auseinandersetzungen mit dem zentralen Parteiapparat in Moskau aufgerieben und war als Radikalster der Reformer schließlich mit Gorbatschow in Konflikt geraten, der nach Jelzins Ansicht die Gefahr, die von konservativen Funktionären, den späteren Putschisten, ausging, nicht ernst genug genommen hatte. Unter Gorbatschow war er aus dem Politbüro der Partei ausgeschlossen worden, aber bei den ersten demokratischen Wahlen der Sowjetunion, 1989, wählten ihn die Moskauer mit 89 Prozent der Stimmen zu ihrem Vertreter. Zwei Jahre später wurde Jelzin zum Präsidenten der russischen Teilrepublik der Sowjetunion gewählt – zwei Monate vor dem Putschversuch, der an seinem Ansehen und an seiner Entschlossenheit scheiterte.

«Zar Boris» war ein eindrucksvoller, sehr russischer Mann und genoss zunächst die Bewunderung und das Vertrauen vieler Sowjetbürger, auch wenn sie von seiner Politik überrascht und nicht immer mit ihr einverstanden waren. Seine Erfahrungen mit dem zentralen, bürokratischen Machtapparat in Moskau und mit der

Vetternwirtschaft in Politbüro, Parteiapparat wie Regierung veranlassten ihn, die Republiken und Gebiete der Sowjetunion dazu aufzufordern, sich so viel Selbstständigkeit und Freiheit zu nehmen, wie sie brauchten. Die baltischen Republiken erklärten sich wieder für unabhängige Staaten und erhielten die Anerkennung der Sowjetunion. Die ukrainischen Parteiführer forderten für sich Unabhängigkeit von Moskau. Auch die führenden Schichten im Kaukasus und in Zentralasien wollten die Gelegenheit ergreifen, sich von der Moskauer Führung zu befreien. Jelzin, als Präsident Russlands, und seine Kollegen aus der Ukraine und Weißrussland trafen sich am 8. Dezember 1991 in Minsk, um ohne vorhergehende Ankündigung die Sowjetunion für aufgelöst zu erklären und durch eine Gemeinschaft unabhängiger Staaten zu ersetzen. Gorbatschow, der Präsident der Sowjetunion, war nicht vorher informiert worden. Er hatte immer noch gehofft, die Republiken der Union in einem Vertrag mit neu definierten Rechten zusammenzubinden. Aber am 21. Dezember 1991, vier Monate nach dem Putsch, erklärten die Präsidenten aller Teilrepubliken, dass sie statt in einer erneuten Union nur in der lockereren, rechtlich unbestimmten Gemeinschaft unabhängiger Staaten verbunden sein wollten.

EIN NEUES RUSSLAND?

Russland war immer noch das größte Land der Welt, aber es war zum ersten Mal kein Vielvölkerstaat mehr und kein Imperium. Das Übergewicht der Russen hatte es zu einem Nationalstaat gemacht, auch wenn eine Reihe kleinerer Völker auf seinem Territorium lebte. Für seine Einwohner wie seine Führer verlangte das nach einer neuen Orientierung. Jelzins Versuche, eine neue «russische Ideologie» erfinden zu lassen, erreichten die Mehrheit der Einwohner nicht. Die Intelligenzija war fasziniert vom Zugang zur internationalen Kultur und der Möglichkeit offener Meinungsäußerung.

Viele junge Leute entdeckten in den späten achtziger Jahren bis dahin verbotene Bücher, Rockmusik, moderne Malerei und die Luft zu freierem Atmen im Beruf und Privatleben. Ihre Eltern und besonders die alte Nomenklatura, die ehemals privilegierte obere Bürokratie, mussten in dieser Zeit hart kämpfen, um ihre soziale Stellung zu sichern. Die Generaldirektoren und Leiter der Staatsbetriebe nutzten alle Mittel, um im Zuge der Privatisierung die Mehrheit der Anteile an ihren Betrieben zu übernehmen. Eine ganz neue Gruppe jüngerer Unternehmer, die zuvor in wissenschaftlichen Instituten oder in der Führung des Jungkommunistenverbandes aufgestiegen waren, begann nun wirtschaftliche und politische Chancen zu nutzen, die ein Jahr zuvor noch unvorstellbar waren. Die meisten Menschen mussten sich in dieser Zeit des Umbruchs mit gesellschaftlichen und wirtschaftlichen Problemen auseinandersetzen, denen sie in der verwalteten Gesellschaft nie begegnet waren. Hatten sie in den letzten fünfzehn Jahren über Ungleichheit, Ungerechtigkeit und schlechte Versorgung in der Sowjetunion geklagt, so fanden sie sich nun in einer neuen Welt wieder, in der sie ums Überleben kämpfen mussten, ohne die Spielregeln zu kennen. Trotz des plötzlichen Zerfalls des Staats und der materiellen wie geistigen Unsicherheit, die dadurch ausgelöst wurde, kam es zu keinerlei gewalttätigen Zusammenstößen und sozialen Unruhen. Die wiedergegründete Kommunistische Partei Russlands, die einzige einigermaßen gut organisierte Partei des Landes, richtete sich in bürokratischem Sowjetstil als Oppositionsvereinigung ein. Bei demokratischen Wahlen konnte Jelzin sie überwinden – durch seinen persönlichen Einsatz und mit Hilfe der neuen Reichen und der Medien, die eine Rückkehr der Zensur fürchteten.

Im unübersichtlichen Trümmerfeld der sowjetischen Organisationen und Institutionen war der Staatssicherheitsdienst KGB aus den Augen der Öffentlichkeit verschwunden. Aber er hatte überlebt, während vor den Fenstern der Geheimdienstzentrale das Denkmal seines Gründers gestürzt wurde. Viele seiner Mitglieder suchten sich neue Arbeitsplätze in den Sicherheitsdiensten der

Oligarchen, der neureichen Wirtschaftskapitäne, und hielten zugleich Kontakt zum Netz der ehemaligen Kollegen.

EINE RIESENARMEE VERLÄSST DIE BESETZTEN LÄNDER

Die russische Armee, Stolz und Stärke des Reichs, verlor durch die sieglose Verstrickung in den grausamen Tschetschenienkrieg und durch die Berichte über ihren inneren Zerfall noch zusätzlich viel von ihrem Ansehen. Für sie kamen das Ende der DDR und der Abzug aus Ostdeutschland einer historischen Niederlage gleich. Die Westgruppe der sowjetischen Streitkräfte war eine riesige, hoch gerüstete Armee gewesen. Nun mussten 1,2 Millionen Soldaten, Offiziere und Familienangehörige ihre Unterkünfte in der ehemaligen DDR verlassen und trafen in Russland auf weitere 400 000 hoch bewaffnete Soldaten, die aus den Staaten des Warschauer Paktes, den ehemals baltischen Republiken, der Mongolei und Kuba zurückgeholt wurden. Deutschland stellte acht Milliarden D-Mark für den Bau von Kasernen und Familienunterkünften in Russland zur Verfügung – ursprünglich in dem Glauben, die Bauindustrie der ehemaligen DDR werde aufgrund früherer Zusammenarbeit große Aufträge erhalten. Aber im russischen Verteidigungsministerium meinte man, für harte D-Mark-West auch kapitalistische Qualität verlangen zu können. So gingen die Aufträge überwiegend an türkische, jugoslawische und koreanische Firmen statt nach Ostdeutschland. Die Militärbürokratie verschleuderte die Investitionen, ließ die Kasernen und Unterkünfte für die zurückkehrenden Soldaten ohne Rücksicht auf zivile Arbeitsplätze planen, so dass die Lebensumstände für Soldaten und Offiziere zum Teil unerträglich schlecht wurden, als der riesige und kostspielige Militärapparat wenig später reduziert wurde. Generale wie Matwej Burlakow, der letzte Chef der Westgruppe und für deren Abzug verantwortlich, klagten, der schnelle Abzug so riesiger Streitkräfte habe den Eindruck einer Massenflucht erweckt, und gaben Gorbatschow die Schuld am inneren und äußeren Zerfall der Armee.

Abzug sowjetischer Soldaten aus der DDR, 1994

Die andere große Trägerin der russischen Tradition konnte nun beginnen, sich von der Verfolgung und Unterdrückung der Sowjetjahrzehnte zu erholen. Seit Mitte der achtziger Jahre hatten sich die Kirchen sonntags mehr und mehr gefüllt. Nun empfahl sich die russisch-orthodoxe Kirche dem neuen Staat als nationale Ordnungsmacht, die ihre Chancen im gesellschaftlichen wie im wirtschaftlichen Leben geschickt zu nutzen verstand. 1992 wurde einige Monate lang in den Zeitungen über die Verbindung der hohen Geistlichkeit mit dem KGB geschrieben, aber solche Vorwürfe verstummten in dem Maße, in dem die russische Kirche sich als starke und reiche Organisation etablieren konnte und der Staatssicherheitsdienst wieder an Einfluss gewann. Die wirtschaftliche Grundlage in der ersten Zeit nach der Unterdrückung legte Präsident Jelzins Erlass, der der Kirche die zollfreie Einfuhr von Alkohol und Zigaretten nach Russland genehmigte. In der Zeit der allgemeinen Unsicherheit waren die atheistisch erzogenen russischen Bürger dankbar für die Sicherheit, die ihnen die wiederbelebte Hierarchie der Kirche bot.

BORIS JELZIN

Im Prozess des Zerfalls und der Neuformierung der russischen Gesellschaft gab es nur eine einzige schwere militärische Auseinandersetzung, und die ging auf Jelzins Konto. Er hatte sich mit einer starken Gruppe von Parlamentsmitgliedern überworfen, denen der Umbau des Staats- und Wirtschaftssystems zu schnell und zu planlos erschien. Entgegen der Entscheidung des Verfassungsgerichts und dem Mehrheitsvotum des Parlaments löste Jelzin den Obersten Sowjet auf. Der erklärte ihn daraufhin für abgesetzt. Die radikaleren Abgeordneten verbarrikadierten sich im Weißen Haus, dem Parlamentsgebäude, von dem aus Jelzin mit der Unterstützung der Abgeordneten und Bürger 1991 den konservativen Putsch besiegt hatte, und versuchten dann, das Fernsehgebäude zu besetzen. Daraufhin ließ Jelzin das Gebäude von bewaffneten Soldaten der Armee und des Innenministeriums umzingeln, von Panzern beschießen und von einer Eliteeinheit des KGB erstürmen. In Moskau gab es während der Kämpfe im Oktober 1993 mehr als 120 Tote. Die große Mehrheit der Russen nahm diese blutigen Auseinandersetzungen scheinbar ohne Erschütterung zur Kenntnis. Jelzin hatte wie ein Diktator gehandelt, aber bei den Wahlen, knapp zwei Monate später, gewann er eine stärkere Mehrheit im Parlament als zuvor.

In den ersten Regierungsjahren war Jelzin für die meisten russischen wie ausländischen Beobachter ein Faktor der politischen Stabilität. Russland erlebte eine Periode der Meinungs- und Pressefreiheit und auch der Kritik an Präsident und Regierung, die es in seiner Geschichte nie gekannt hatte. Aber zugleich lösten sich die Regierungsorgane in den Regionen des weiten Landes immer mehr von Moskau, begannen Politik auf eigene Rechnung zu betreiben und Gesetze zu machen, die ihnen passten.

Jelzin fehlte bei allen unterschwellig demokratischen Instinkten die Fähigkeit, ein Konzept für eine russische Zivilgesellschaft zu entwickeln. Er stützte sich auf wechselnde politische Berater und Gruppierungen und setzte in immer rascherem Wechsel neue Regierungschefs ein. Hatte er zunächst die Unterstützung der russischen Demokraten und Reformer genutzt, so verließ er sich zunehmend auf die Schicht der neuen Reichen, auf die Industrielobbys, Provinzgouverneure und eher konservative Politiker, die der Einfluss- und Machtpolitik der neuen Geld-Elite nur ein scheindemokratisches Mäntelchen umhängten. Sie alle erschienen austauschbar, und keiner verfügte über die Unterstützung einer Partei oder demokratischen Bewegung, auf die sich eine zukünftige parlamentarische Demokratie stützen konnte.

Von den Reformern hatte Jelzin die schnelle Privatisierung der verrosteten und festgefahrenen Staatsindustrie in einem Tempo vorantreiben lassen, das sich nur mit einem naiven Enthusiasmus für den neu entdeckten Wirtschaftsliberalismus erklären ließ. Der Glaube, dass sich ein Land mit der Geschichte Russlands in wenigen Jahren in eine demokratische Gesellschaft mit freier Marktwirtschaft überführen ließe, begeisterte einige Jahre lang die jüngere Generation russischer Wirtschaftspolitiker, die von der Dynamik ihrer amerikanischen Berater mehr beeindruckt waren als etwa von den Bedenken deutscher Experten. Die Folgen der schnell durchgepaukten Reformen verbitterten einen großen Teil der Bevölkerung. Ihrer Armut stand die Bereicherung einer neuen Elite gegenüber, während die Mitglieder der russischen Mittelschicht Einkommen und gesellschaftlichen Status verloren. In dem Maße, in dem sich die Russen von Jelzin abwandten, versuchte er sich zu einem imperialen Präsidenten zu machen, der über allen politischen Kräften stand. Die Ansätze einer demokratischen Gesellschaftskultur wurden verdrängt durch ein unübersichtliches Netzwerk der Mächtigen und Mächte, in dem Korruption und Beziehungen zudem eine noch auffälligere Rolle spielten als in der alten Sowjetunion.

Das Nationaleinkommen Russlands fiel um die Hälfte. Zugleich brachen die Rohölpreise ein, die seit zwei Jahrzehnten die Stütze der sowjetischen Wirtschaft gewesen waren. Im August 1998 war Russland völlig zahlungsunfähig, bei den Banken wurden alle, selbst die privaten, Konten eingefroren. Der Zickzackkurs wechselnder Beratergruppen und Regierungschefs hatte Russland in die Pleite und die Mehrheit seiner Bürger in Unsicherheit und Armut geführt. Der Zerfall der sowjetischen Wirtschaft galt nun als Auswirkung eines schlechten, weil demokratischen Regierungssystems. Schlimmer noch: Jelzin hatte dem Land zwar eine demokratische Verfassung gegeben, aber keine rechtsstaatlich gesicherten Institutionen und keine glaubhafte Rechtssicherheit, als er am 31. Dezember 1999 überraschend mit einer kurzen, sehr persönlichen und selbstkritischen Fernsehansprache sein Präsidentenamt aufgab.

WLADIMIR PUTIN

Drei Jahre zuvor war der Mann nach Moskau gekommen, dem Jelzin das höchste Amt überlassen wollte. Der 44-jährige Wladimir Putin war in der Sowjetunion im mittleren Dienst des KGB zum Major aufgestiegen. Fünf Jahre lang war er mit Familie in Dresden stationiert und nach dem Ende der DDR nach Leningrad in die Abteilung für internationale Angelegenheiten der dortigen Universität versetzt worden. Bemerkenswert ist, dass er in den Augusttagen 1991, in denen der Putsch in Moskau auch große Gegendemonstrationen in Leningrad auslöste, aus dem Dienst des KGB ausgeschieden zu sein scheint. Jedenfalls holte ihn damals Bürgermeister Sobtschak, ein reformorientierter demokratischer Politiker mit autoritären Neigungen, in die Verwaltung der zweitgrößten Stadt Russlands. Ihn beriet Putin in internationalen Angelegenheiten, besonders bei der Beschaffung ausländischer Investitionen. Zeitweise gehörte er dem Beratergremium einer deutschen Immobilien- und Beteiligungsgesellschaft an, die sich den Petersburger

Grundstücksmarkt zu öffnen suchte. Als Bürgermeister Sobtschak 1996 die Wahl verlor, wurde Putin nach Moskau in die Immobilienverwaltung des Kreml gerufen, stieg zum stellvertretenden Chef des Präsidentenstabs auf und übernahm die Leitung der Immobilienverwaltung. Über seine politischen Beziehungen und die Vorstellungen des unauffälligen Mannes war wenig bekannt. Im Sommer 1998 machte ihn Boris Jelzin zum Chef des FSB, des Sicherheitsdienstes der Föderation, der aus dem KGB hervorgegangen war. Ein Jahr später wurde er zu einem der drei stellvertretenden Ministerpräsidenten ernannt und am gleichen Tag auch noch zum amtierenden Ministerpräsidenten. Er hoffe, Putin werde sein Nachfolger als Präsident, verkündete Jelzin, und am Nachmittag des gleichen Tages noch erklärte sich Putin bereit, für die Präsidentschaft zu kandidieren. Dies war ein Aufstieg, der eher einem Thronwechsel in der Geschichte russischer Dynastien als in einer modernen parlamentarischen Demokratie glich – vom unbedeutenden Angestellten im Staatsdienst zum mächtigsten Mann Russlands.

Eine Woche später bestätigte das russische Parlament Putin bis zur nächsten Wahl in seinem Amt als Ministerpräsident, wenn auch nur mit knapper Mehrheit. Nun fand er als sechster russischer Regierungschef innerhalb von eineinhalb Jahren eine Plattform, auf der er sich der Bevölkerung als ein Kämpfer für Gerechtigkeit und Ordnung, gegen die Ausplünderung des Landes durch die «neuen Reichen» und auch gegen die islamischen Aufständischen im Kaukasus beweisen konnte. Er war eine Generation jünger als die Politiker, die er mit Jelzins Hilfe überrundete, ein sportlicher Mann, voller Energie, aber auch bescheiden, der nicht trank und den russische Frauen für eine Art «idealen Schwiegersohn» hielten. Die Karriere des jungen Ministerpräsidenten bekam noch einmal einen Schub nach oben, als Jelzin zurücktrat und ihn dadurch zum amtierenden Präsidenten machte. Noch am gleichen Tage unterzeichnete Putin das Dekret, das Russlands Präsidenten und ihre Familienmitglieder – also als ersten Jelzin – in Zukunft von Strafverfolgung wegen Verfehlungen oder Korruption während der Amtszeit freistellte.

Es folgten Monate einer intensiven Wahlkampagne, die in steigendem Maße von Fernsehen, Rundfunk und Zeitungen unterstützt wurde und in der Putin als der Mann herausgestellt wurde, der Russland aus einem Jahrzehnt von Verfall und Unordnung in eine bessere Zukunft führen werde. Am Ende wurde er am 26. März 2000 fast mit einer Zweidrittelmehrheit zum Präsidenten gewählt, weit vor seinen Gegnern von der Kommunistischen Partei und der wirtschaftsliberalen demokratischen Koalition.

TRADITION, MODERNE UND STRENGE STAATLICHE ORDNUNG

Putins Politik richtete sich von Anfang an darauf, die Stellung des Präsidenten durch die Kontrolle über die zentralen Regierungsorgane zu stärken. Sein Stab bestand überwiegend aus jüngeren Mitgliedern des Sicherheitsdienstes und der Streitkräfte, viele von ihnen wie er aus St. Petersburg. Er setzte alles daran, die «vertikalen Machtstrukturen» zu stärken und regionale Institutionen oder Gouverneure seinem Einfluss zu unterwerfen, sie zu entmachten und dem Apparat des Präsidenten zu unterstellen. Er war am Tiefpunkt der Börsenkrise und des wirtschaftlichen Zusammenbruchs an die Macht gekommen, doch nun half ihm der weltweite Wirtschaftstrend. Die internationalen Erdölpreise, von denen Russlands Handelsbilanz entscheidend abhing, stiegen um das Zehnfache. Der Kursverfall des Rubel, der die Sparkonten der Bevölkerung leer geräumt hatte, stärkte die Wettbewerbsfähigkeit der russischen Industrie und wurde zur Grundlage der günstigeren Wirtschaftsentwicklung. Die Inlandsproduktion erholte sich sehr schnell und stieg in den Jahren nach 1999 jährlich um sechs bis sieben Prozent, weil neue Wirtschaftsformen die versteinerte Staatsbürokratie ersetzt hatten. Die Menschen in Russland hofften, dass der Tiefpunkt einer Entwicklung überwunden sei, für die sie nunmehr deutlicher und offener als zuvor Gorbatschow und Jelzin verantwortlich machten, nicht zuletzt auch unter dem Einfluss einer Desinformationskampagne in den regierungstreuen Medien. Was Russlands Größe und Platz in der Welt anging, so hatte der neue Präsident zwar nicht die Wiederherstellung des Imperiums versprochen, aber doch klar gesagt, dass er die Auflösung der Sowjetunion für eine historische Fehlentwicklung halte. Er gab der Armee die rote Fahne zurück, unter der sie im Zweiten Weltkrieg gesiegt hatte, und führte die alte Hymne der Sowjetunion als Nationalhymne des neuen Russland wieder ein – mit geändertem Text, der nicht mehr Stalin besang, sondern «das große Russland, auf ewig vereint». Das war nicht ein verspätetes Bekenntnis zum Stalinismus. In Putins russischem Nationalgefühl stand der siegreiche Herrscher im Großen Vaterländischen Krieg einfach in der gleichen Reihe mit allen bedeutenden Herrschern Russlands, gleichgültig, ob sie ihren Untertanen gute oder schreckliche Zaren gewesen waren.

PUTIN IN DEUTSCHLAND

Seine Politik trug eine Reihe von gegensätzlichen Konzepten in sich, doch schienen sich letztlich die Bekenntnisse zu strengerer staatlicher Ordnung und moderner Gesellschaft für die meisten Beobachter zu ergänzen. Am deutlichsten formulierte er diese Haltung in einer Rede, die er am 25. September 2001 im Deutschen Bundestag hielt. «Unter der Wirkung der Entwicklungsgesetze der Informationsgesellschaft konnte die totalitäre stalinistische Ideologie den Ideen der Demokratie und der Freiheit nicht mehr gerecht werden. Der Geist dieser Ideen ergriff die überwiegende Mehrheit der russischen Bürger. Gerade die politische Entscheidung des russischen Volkes ermöglichte es der ehemaligen Führung der UdSSR, diejenigen Beschlüsse zu fassen, die letzten Endes zum Abriss der Berliner Mauer geführt haben. Gerade diese Entscheidung erweiterte mehrfach die Grenzen des europäischen Humanismus, so dass wir behaupten können, dass niemand Russland jemals wieder in die Vergangenheit zurückführen kann.»

Der Besuch in Berlin brachte die Bewunderung für Putin in Deutschland auf einen Höhepunkt. Man hatte Jelzins letzten Besuch noch in Erinnerung, als der russische Präsident ohne Ressentiments am Abzug der letzten russischen Soldaten teilnahm und zur Verwunderung der Deutschen wodkaselig aufs Podium stieg, um die Militärkapelle beim Lied «Auf Wiedersehen Deutschland» zu dirigieren. Dieser Jelzin hatte viele deutsche Vorurteile gegenüber Russland bestätigt, in erster Linie die der Unordnung und Unberechenbarkeit. Nun trat mit Präsident Putin im Deutschen Bundestag ein Mann vor die versammelten Politiker und Industriellen, der die Ordnung und Disziplin in Person zu sein schien. Schon bald nach den ersten Worten hatte er die Zuhörer für sich gewonnen. «Heute erlaube ich mir die Kühnheit, einen großen Teil meiner Ansprache in der Sprache von Goethe, Schiller und Kant, in der deutschen Sprache, zu halten.» Damit erinnerte er an die Gemeinsamkeiten der deutsch-russischen Geschichte, angefangen bei den Germanen, die am Ende des ersten Jahrhunderts in Russland erschienen, an die Rolle deutscher Bauern, Kaufleute, Gelehrter, Militärs und Politiker und an den kulturellen wie wirtschaftlichen Austausch. Putin erinnerte auch an die dynastischen Verbindungen zwischen den russischen und deutschen Herrscherhäusern und führte ein wenig bekanntes Beispiel an: die Tochter des Fürsten von Hessen-Darmstadt, die mit einem Bruder des letzten Zaren verheiratet war. «Sie hatte ein wirklich tragisches Schicksal», sagte Putin. «Nach dem Mord an ihrem Mann gründete sie ein Nonnenkloster. Während des Ersten Weltkriegs pflegte sie russische und deutsche Verletzte. Im Jahre 1918 wurde sie von den Bolschewisten hingerichtet. Vor kurzem wurde ihr Wirken anerkannt und sie wurde heilig gesprochen.»

Die Rede schien auf eine ganz ungewöhnlich nahe Beziehung des russischen Präsidenten zu Deutschland hinzuweisen: «Zwischen Russland und Amerika liegen Ozeane. Zwischen Russland und Deutschland liegt die große Geschichte.»

Es war eine Rede, in der sich der russische Präsident zu einer gesamteuropäischen Zusammenarbeit bekannte, und darüber hinaus zu einer weltweiten «internationalen Sicherheitsarchitektur», die die Voraussetzung für ein einheitliches Großeuropa sei. Aber in Untertönen klang die Sorge heraus, dass Russlands Interessen und seine weltpolitische Bedeutung von der europäisch-amerikanischen Koalition vernachlässigt würden und dass Russland seine Sicherheit durch die Ausdehnung militärischer Bündnisse mit der NATO beeinträchtigt sah. Stärker aber betonte er die Zusammenarbeit, besonders im Kampf gegen den internationalen Terror.

Deutschland nannte Putin den wichtigsten Wirtschaftspartner Russlands, einen der Hauptinvestoren und maßgeblichen außenpolitischen Gesprächspartner. Es war kein Wunder, dass diese Rede im Plenarsaal des Reichstags immer wieder von Beifall unterbrochen wurde und eine Putin-Bewunderung auslöste, die der Gorbimanie, die zehn Jahre zuvor über Deutschland ging, zu gleichen schien.

EINE MÄNNERFREUNDSCHAFT, NEUE WIRTSCHAFTSBEZIEHUNGEN, POLITISCHER SCHWERPUNKTWECHSEL

Zwischen dem deutschen Bundeskanzler Gerhard Schröder und dem russischen Präsidenten Wladimir Putin entwickelte sich eine enge persönliche Verbindung, die über die gemeinsamen Interessen der deutschen und russischen Politik weit hinausging. Schröder nahm Putin als «lupenreinen Demokraten» in Schutz, wenn sein blutiger Krieg im Kaukasus, die Einschränkung der Medienfreiheit und Journalistenmorde in Russland wie im Ausland Kritik auslösten. Die Familien Putin und Schröder feierten Putins Geburtstag in St. Petersburg, und der russische Präsident half seinem deutschen Kollegen bei der Adoption eines Kindes. Das waren international ungewohnte Anzeichen von Vertrautheit, die neben gemeinsame politische Entscheidungen traten. Zeitweise schien es auch, als formiere sich eine Achse Moskau-Berlin-Paris gegen die

Wladimir Putin und Gerhard Schröder auf der Terrasse des Bundeskanzleramtes, 2005

amerikanische Weltpolitik. Später fürchteten besonders osteuropäische Länder, wirtschaftliche Absprachen wie der Bau einer Gasleitung von Russland nach Deutschland, durch die Ostsee und an Polen und den baltischen Staaten vorbei, seien der Anfang einer lediglich an nationalen deutschen und russischen Interessen ausgerichteten Partnerschaft, die kaum Rücksicht auf die gemeinsamen Interessen Europas und die Sicherheitsbedenken der unmittelbaren westlichen Nachbarn Russlands nehme. Die Befürchtungen nahmen zu, als Moskau in einem Streit mit der Ukraine die Gasleitungen abdrehte, um Preiserhöhungen durchzusetzen und politischen Druck auszuüben. Solche Maßnahmen und Drohgebärden gegenüber den baltischen Staaten und Polen weckten den Verdacht, die russische Führung wolle in den Staaten des früheren Sowjetimperiums Macht demonstrieren und ausüben.

Die deutsch-russischen Wirtschaftsbeziehungen entwickelten sich sehr günstig. Im Handel war Deutschland der wichtigste Partner Russlands und hat nach einem zögernden Anfang auch bei den Investitionen in Russland aufgeholt. Russland, der größte Rohöllieferant Deutschlands, konnte auch die Erdgaslieferungen ausbauen und deckte ein Drittel des deutschen Bedarfs. Das entsprach der allgemeinen Entwicklung des russischen Außenhandels, der immer noch nur bei Rohstofflieferungen von internationaler Bedeutung ist. Der staatlich kontrollierte Monopolkonzern Gazprom und eine Reihe von Industrien, die der Regierungskontrolle wieder untergeordnet wurden, weckten alte Vorurteile und die Besorgnis, dahinter stecke entweder eine Super-Russen-Mafia oder eine gewaltige bürokratisch kontrollierte Monopolmaschine. Zunehmende Investitionen und Beteiligungen an ausländischen Unternehmen, auch in Deutschland, mit denen die russische Wirtschaft in den Globalisierungsprozess einzusteigen begann, förderten im Ausland die Besorgnis, diese Politik könne nach machtpolitischen statt wirtschaftlichen Zielen gesteuert werden. Zweifel an der gesicherten Rechtsstaatlichkeit in Russland und der freien Entscheidungsfähigkeit seiner Industrie schwächten immer wieder die Wirtschaftsbeziehungen.

Als Putin seinen Partner Schröder verlor, folgte zunächst eine Abkühlung des Verhältnisses zu Deutschland. Dies hing damit zusammen, dass die deutsche Kanzlerin Merkel ohne Schärfe, aber deutlich auf Defizite bei den Menschen- und Freiheitsrechten in Russland hinwies, was Putin als kränkende Zumutung auffasste. Das Bindemittel einer außergewöhnlichen Männerfreundschaft war verschwunden, aber wichtiger war ein Schwerpunktwechsel in Putins Politik. Er schien enttäuscht darüber, dass Deutschland kein Partner bei dem Versuch sein werde, die europäische Politik dem russischen Einfluss zu öffnen. Westeuropa wie Deutschland wurden im politischen Diskurs Russlands mehr und mehr als schwache und unentschlossene Staaten dargestellt, die sich gegenüber amerikanischen Vorstößen gegen Russland nicht durchzusetzen verstanden und deren schwache Regierungen gegen Spannungen und Unruhen im eigenen Lande nicht durchzugreifen wagten. Die Beziehungen zu Deutschland verloren in dem Maße an Bedeutung, in dem Putin Russlands weltpolitische Rolle in Europa und Asien wiederzubeleben suchte. Stärker als zuvor tauchten in seinen Reden nationale oder auch nationalistische Formeln auf, die deutlich machen sollten, dass Russland ausländische Belehrungen über

Demokratie und Menschenrechte als Kränkung empfand und nicht mehr hinzunehmen bereit war.

Die intensive Auseinandersetzung mit Hitler, dem Nationalsozialismus und der Mitschuld des deutschen Volkes, die in Deutschland die politische Diskussion beherrscht, war in Russland jahrzehntelang kaum zur Kenntnis genommen worden, weil die Propaganda das Bild einer post-faschistischen Bundesrepublik aufrechterhalten hatte. Ein Vergleich Stalins mit Hitler war nicht nur unerlaubt, sondern für die große Mehrheit der Bevölkerung unvorstellbar, obwohl am Ende der Achtziger- und in den Neunzigerjahren in der Presse, im Fernsehen und in Filmen die Verbrechen Stalins behandelt wurden. Eine kurze Zeit äußerten Moskauer Intellektuelle gelegentlich die Ansicht, Russland und Deutschland seien auch dadurch verbunden, dass sie jahrelang von den beiden größten Verbrechern der Weltgeschichte regiert worden seien. Dann aber trat das Nachdenken über die Schatten der Vergangenheit zurück. Weit häufiger als kritische Dokumentationen erschienen nun im sowjetischen Fernsehen die alten Filme, die die Sowjetzeit als anrührend, lustig oder heldenhaft erscheinen ließen. Wie die sowjetischen Führer den 600. Jahrestag der Schlacht auf dem Schnepfenfeld und der Befreiung vom tatarisch-mongolischen Joch überschwänglich gefeiert hatten, so berief sich nun das neue Russland am 625. Jahrestag der Schlacht auf das große patriotische Erbe, das das russische Volk mit dem Segen und der Hilfe der Kirche verteidigt hatte. Eine Auseinandersetzung mit der eigenen Vergangenheit, wie sie in Deutschland geführt wurde, fand in Russland nicht statt. Öffentliche Institutionen von der orthodoxen Kirche bis zu den Schriftstellerverbänden behandelten Themen der sowjetischen Vergangenheit mit zunehmender Vorsicht und Zurückhaltung. Das trug dazu bei, dass Beobachter in der westlichen Welt in den autoritären Zügen des neuen politischen Systems mit seiner sogenannten «souveränen Demokratie» Hinweise auf eine Wiederbelebung der Sowjetunion und eine Re-Stalinisierung zu erkennen glaubten. Tatsächlich hatte Putin jedoch frühzeitig erkannt, dass die Entwicklung in Russland einen Punkt erreicht hatte, an dem die totalitären Methoden Stalins oder die versteinerte Staatsbürokratie Breschnews den Anforderungen eines modernen russischen Staats nicht mehr gerecht werden. Am ausführlichsten äußerte sich Präsident Putin – zurückhaltend in der Wortwahl, eindeutig in der Sache – dazu in einer Fernsehsendung zum 50. Jahrestag der großen Stalinschen Säuberungen, in der er zu Lehrern der Sozialwissenschaft sprach. Es gebe schreckliche Seiten in Russlands Geschichte nach 1937, die nicht vergessen werden dürften, räumte er ein. In anderen Ländern aber seien noch schlimmere Dinge passiert.

NEUES NATIONALGEFÜHL

«Niemand hat das Recht, uns Schuldgefühle zu vermitteln», sagte Putin den Lehrern. «Wir müssen und wollen die schrecklichen Kapitel unserer Geschichte nicht vergessen. Aber die anderen sollen an sich selber denken.» In der russischen Geschichte habe es keine schwarzen Seiten wie den Nazismus gegeben. Russland habe auch niemals Atomwaffen gegen eine Zivilbevölkerung eingesetzt, nicht Tausende von Quadratkilometern mit Chemikalien verseucht oder auf ein kleines Land sieben Mal mehr Bomben abgeworfen, als im ganzen Zweiten Weltkrieg gefallen seien. Russland, so machte Putin den Sozialkundelehrern klar, solle seiner Vergangenheit ohne Reue und Schuldbekenntnisse gegenübertreten.

Die Anrufung des russischen Nationalgefühls, die Erinnerung an die einstige Größe und Macht des russischen Reiches zaristischer oder stalinistischer Natur, die Ablehnung jeder Kritik aus dem Ausland und besonders aus den ehemals russisch beherrschten Nachbarstaaten waren ein wichtiges Bindemittel der Gesellschaft und auch ein starkes Gegengewicht gegen die Unzufriedenheit einer Bevölkerung, die mit dem Lebensstil der neuen Elite, dem Protz der Neureichen in manchen Großstädten und der Misere der armen Leute in den Provinzen des weiten Landes nicht zufrieden sein konnte. In der Mitte von Putins Präsidentenzeit gingen eine halbe Million Menschen zu Protesten auf die Straße, um gegen den Abbau sozialer Sicherheit zu demonstrieren und Putins Rücktritt zu fordern, den sie auf Plakaten mit Hitler verglichen. Selbst Duma-Abgeordnete, die als kremltreu galten, Gouverneure und sogar der Patriarch der orthodoxen Kirche wandten sich gegen die Pläne für eine Reform des unübersichtlichen und widerspruchsvollen sowjetischen Renten- und Sozialsystems, die volkswirtschaftlich vernünftig schien, der Bevölkerung aber nicht erklärt und vermittelt werden konnte.

«SOUVERÄNE DEMOKRATIE»

Das Stichwort war von nun an «souveräne Demokratie»: Diese definiert ihre eigenen Spielregeln, braucht keine Kritik vom Ausland hinzunehmen und behandelt die Aktivitäten einer inneren Opposition als Störfaktor. Verfassungsänderungen, Wahlrechtsanpassungen, die Steuerung der Justiz, die Gründung genehmer Parteien und Jugendorganisationen gehörten zu den Mitteln, mit denen die Herrschaft Putins über das Ende seiner zweiten Amtszeit hinaus abgesichert werden sollte, ohne dass die demokratischen Formulierungen der immer noch gültigen Verfassung gestrichen werden mussten. Die Steuerung der Medien und besonders des Fernsehens, das fast zu hundert Prozent unter die Kontrolle der Regierung gebracht wurde, war ein wichtiges Mittel, mit dem die Zustimmung zu Putins Führung gesichert werden sollte. Unklar blieb, wie weit die Übergriffe und politischen Morde an Journalisten und unabhängigen Oppositionellen das Werk übereifriger Anhänger Putins waren, die keine direkte Verbindung zum Kreml hatten. Die unaufgeklärten Morde und ihre oberflächliche Untersuchung belasteten das Ansehen des russischen Staats schwer, trugen zugleich aber zur Machtsicherung bei. Den politischen Einfluss der neuen Wirtschaftsoligarchen hatte Putin brechen lassen, als er den Ölmilliardär Chodorkowskij zu Lagerhaft in Sibirien verurteilen ließ. Nun durften die neuen Reichen Geld verdienen, wenn sie sich an die Linie des Präsidenten hielten. Wenn nicht, mussten sie Untersuchung und Verfolgung durch die Steuerbehörden befürchten. Die Arbeit der Gerichte blieb – wie stets in der russischen Geschichte – ganz offiziell dem direkten Einfluss der Regierung ausgesetzt, die Opportunitätsgesichtspunkten folgte und sie durch den direkt abhängigen Prokurator durchsetzen konnte. Aber Putin, der heute selbst über ein beachtliches Vermögen verfügt, wollte, dass die Wirtschaft Gewinne machte, um die Politik zu finanzieren, während die Großkonzerne unter zunehmender staatlicher Lenkung zugleich Macht und Reichtum an die Führung des Landes und auch an die neue Kreml-Elite weiterleiteten. Die Regierungsarbeit wurde von einer verhältnismäßig kleinen Gruppe von Leuten geleistet, die in einem dichten Netz von verwandtschaftlichen Beziehungen, langjährigen Freundschaften und gemeinsamen Wirtschaftsinteressen Wladimir Putins Entscheidungen umsetzten. Spekulationen über Machtkämpfe zwischen verschiedenen Gruppen blieben unbestätigt. Die persönlichen und verwandtschaftlichen Beziehungen zwischen Ministern, Behördenchefs und Aufsichtsratsvorsitzenden wurden in der russischen Presse detailliert und ausführlich geschildert – allerdings ohne daraus Schlussfolgerungen und Wertungen abzuleiten. Andererseits war in Äußerungen des stellvertretenden Ministerpräsidenten Medwedjew, eines studierten Juristen, zu erkennen, dass ihm die Bedeutung der Rechtssicherheit und der unternehmerischen Initiative für wirtschaftliches Wachstum durchaus bewusst war.

Für die Stabilität des neuen russischen Staats stand in erster Linie die Haltung des übergroßen Teils der Bevölkerung, die nach den unruhigen neunziger Jahren nun einen Anstieg des Lebensstandards und eine Verbesserung ihrer privaten Situation erhoffte. Tatsächlich mischte sich der Staat weit weniger in ihr Leben ein, als das vorher jemals in Russland der Fall gewesen war. In fast allen Medien konnten die Russen zudem immer wieder lesen und hören, dass es ihnen unter Putin zunehmend besser ging, und wenn viele Bürger nur mäßig zufrieden waren, fühlten sie sich zumeist unter Putin besser versorgt und abgesichert als zuvor. Nach Meinungsumfragen im Frühjahr 2008 befürchtete ein Viertel der Bevölkerung eine weitere Verschlechterung ihrer Lage, während die Hälfte der Russen den Zustand erträglich fand, aber keine weitere Verbesserung erwarteten, und ein Viertel der Bevölkerung der Ansicht war, das Leben sei besser geworden und werde sich weiter verbessern. In der letzten Gruppe waren die zwei oder drei Prozent «neue Russen«, die nun reich geworden waren.

Ein Teil der Unzufriedenheit ließ sich durch ein anderes Element der Politik Putins auffangen: die männliche Pose des kampfbereiten «nationalen Führers», der Russlands Größe wiederherzustellen versprach, die besonders ältere und sehr junge Russen seit dem Ende der Sowjetunion vermissten. Zeitweise schien es, als lasse er vor ihren Augen die Muskeln spielen, wenn russische Regierungsstellen eine Auseinandersetzung mit fremden Regierungen geradezu zu suchen schienen, den ausländischen Medien Verleumdungen vorwarfen und den Wiederaufbau konventioneller und atomarer Weltmacht ankündigten. Neben die durchaus reale, aber nicht überwältigende Stärkung der russischen Wirtschaft und Militärmacht traten harte Worte oder unfreundliche Akte des Auftrumpfens. Mit der Anrufung des russischen Nationalismus ließ sich ein Teil der Unzufriedenheit im Lande umleiten, jedoch zeigten sich dabei unerwartete Gefahren für den Zusammenhalt des russischen Staats. 2003 hatte Putin eine nationalistische Partei mit dem Namen «Rodina» (Heimat) ins Leben rufen lassen, die zunächst überraschend erfolgreich war, aber sehr bald durch radikale fremdenfeindliche Ausschreitungen Unruhe schuf. Übergriffe gegen Bürger der Russischen Föderation, die aus dem Kaukasus, den Republiken am Ural oder Tatarstan als Händler in die Städte gekommen waren, zeigten, dass russischer Nationalismus im Inneren des Landes schwer kontrollierbare Spannungen zur Explosion bringen konnte. Russland ist immer noch kein normaler Nationalstaat, sondern Erbe eines Imperiums mit vielen Völkerschaften. Putin erkannte die Problematik schnell genug, um die Rodina-Partei wieder in die Bedeutungslosigkeit fallen zu lassen. Fünf Jahre später fand er für den Führer dieser extremen Nationalisten eine internationale Aufgabe. Er ernannte Dmitrij Rogosin zu seinem NATO-Botschafter – einen brillanten Polemiker, zu dessen außenpolitischen Äußerungen der Spruch gehörte, er habe nichts dagegen, wenn NATO-Positionen und amerikanische Raketenabwehrbasen in Polen näher an die russischen Grenzen gerückt würden. Dann brauche man in Zukunft keine Raketen, sondern könne sie mit Maschinengewehren erledigen. Solche widersprüchlichen Äußerungen konterkarierten die außenpolitische Linie, die bei anderen Gelegenheiten von Putin, dem damaligen stellvertretenden Ministerpräsidenten Medwedjew und Vertretern des Außenministeriums auf internationalen Konferenzen durchaus abgewogen vertreten wurde.

EIN STAATSMANN NEUEN TYPS

Putin hatte den Russen und der Welt klargemacht, dass er als Staatsmann neuen Typs, als «nationaler Leader», wie seine Anhänger sagten, nicht der öffentlichen Kontrolle in einer parlamentarischen Demokratie unterworfen war. Zwar wurden die Formen demokratischer Wahlen gewahrt, doch die absolute Vorherrschaft Putins und seiner Regierung ließ die Ergebnisse als manipuliert erscheinen. So blieb bei allen Diskussionen über die politische Stabilität auch die Ungewissheit, wie und von wem Russland eines Tages nach Putin regiert werden würde.

Nach der Verfassung konnte er nicht zum dritten Mal als Präsident antreten. Ein Jahr lang verloren sich alle macht- und verfassungspolitischen Spekulationen im Ungewissen, solange Putin sich nicht äußerte. Schließlich war im politischen Schachspiel der Kreml-Politik ein Zug offen, der durch einen taktischen Tausch, durch eine Rochade, die Ausgangsposition total veränderte. So wie Putin 1999 durch das Rücktrittsmanöver von Präsident Jelzin in die Vorzugsposition des Präsidentenwahlkampfs gelangt war, entschloss er sich nun zu einem Positionstausch, der verfassungsmäßig korrekt war und ihm dennoch seine Macht als Präsident lassen würde. Schon bei den Parlamentswahlen im Dezember 2007 ließ Putin durch die zu seiner Unterstützung gegründete Partei «Einiges Russland» ankündigen, dass er nach einem großen Sieg das Amt des Ministerpräsidenten übernehmen und die Präsidentschaft seinem langjährigen Assistenten und Mitarbeiter Dmitri Medwedjew zuerteilen würde.

DMITRI MEDWEDJEW

Als einer der stellvertretenden Ministerpräsidenten war Medwedjew lange in vielen Spekulationen als möglicher Nachfolger Putins gehandelt worden. Er gehört zu der Generation jüngerer Politiker, die ihre wesentlichen Erfahrungen erst nach dem Ende der Sowjetunion gemacht hat. Der 1965 geborene Medwedjew war seit 1991 zunächst als Jurist in der Verwaltung von St. Petersburg, später zeitweise in der Privatwirtschaft tätig – fast immer in unmittelbarer Nähe zu Putin, den seine Tätigkeit im ersten nachsowjetischen Jahrzehnt ebenfalls in die Sphäre neuer kommerzieller Firmen in St. Petersburg geführt hatte. In der Moskauer Innenpolitik war Medwedjew der Mann für Soziales und Wirtschaft, durchaus beliebt in Industrie und mittelständischer Wirtschaft, angesehen für seine verständnisvollen Bemerkungen über die soziale Lage eines großen Teils der Bevölkerung.

Aus manchen seiner Äußerungen ließ sich schließen, dass Medwedjew die inneren Probleme des gegenwärtigen Systems etwas anders sah als Putin. Er hatte Bedenken gegen die Folgen zu vieler staatlicher Eingriffe in die Wirtschaft, die Belehnung staatlicher Funktionäre mit einträglichen Wirtschaftsposten und die zunehmende Bürokratisierung der erfolgreich wachsenden russischen Wirtschaft – anders als Putin, dessen politisches Denken von der Forderung nach gesicherter zentraler Machtausübung bestimmt ist. Als neuer Präsident Russlands beurteilte Medwedjew die Entwicklung jedoch sehr nüchtern. Die Demokratie entwickele sich, aber Russland sei noch ein sehr junges Land. «Wir werden die Ergebnisse erst in 30 bis 50 Jahren beurteilen können», meinte Medwedjew in einem Gespräch mit dem russischen Fernsehjournalisten Nikolai Swanidse.

Der Wahlkampf, in den er als Kandidat Putins geschickt wurde, gab ihm die Möglichkeit zu einigen programmatischen Reden. Die Außenpolitik sparte er meist aus, aber auch bei ihm blieb Putins Ziel erkennbar, Russlands Rolle in der Weltpolitik zu stärken. Im eigentlichen Wahlkampf der Kandidaten trat er nur gelegentlich auf, und dann allein in langen Fernsehsendungen. Er hatte es nicht nötig, sich an den Diskussionen der anderen Kandidaten zu beteiligen. Deren Zahl war ohnehin durch eine Reihe juristisch kaum getarnter Eingriffe auf drei aussichtslose Vertreter der Kommunisten, der Ultranationalisten und einer fast unbekannten Minipartei reduziert worden. So waren die Wahlen trotz ihres eindeutigen Sieges für Putins Nachfolgesystem letztlich nicht beweis-

Proteste in Moskau gegen die Präsidentenwahl im März 2008

kräftig genug, um aus ihnen die Sicherheit und Stabilität abzuleiten, die die neue Machtverteilung auf Dauer gegen Kämpfe zwischen verschiedenen Gruppen und Cliquen im Kreml und um ihn herum absichern könnte.

Umfragen vor und nach der Wahl bescheinigten dem Präsidenten Medwedjew und dem Ministerpräsidenten Putin, dass die verkündeten Wahlergebnisse um die 70 Prozent in etwa der Meinung des Volks entsprachen. Ebenso klar war, dass die Vertikale der Macht, die Zentralisierung der Entscheidungen in Moskau, nicht an Putin vorbei zum Präsidenten führen wird. Das ist einer Mehrheit der Russen nach allen Umfrageergebnissen des Sommers 2008 gerade recht. Als Regierungschef hat sich Putin ein starkes Kabinett aus erfahrenen, hoch qualifizierten Leuten zusammengestellt, in dem die Anhänger eines harten Führungskurses überwiegen, bei Finanzen und Wirtschaft aber auch antibürokratische Modernisierer vertreten sind. Putins Arbeitsgebiet scheint kaum begrenzt. Selbst Entscheidungen über die Zulassung ausländischer Großinvestoren in 42 Zweigen der russischen Wirtschaft regelt ein Komitee, dessen Vorsitzender der Ministerpräsident ist. Kritische russische Beobachter bemerkten, dass sich das Gewicht des Einflusses zu den Vertretern des militärisch-industriellen Komplexes verschoben hatte und sich in den ersten Monaten der neuen Regierung der Ton gegenüber der NATO, den USA und den Nachbarstaaten aus dem ehemaligen Warschauer Pakt und dem Sowjetimperium verschärfte.

ZUKÜNFTIGES RUSSLAND

Ein einfacher Partner für seine Nachbarn im Westen, die Europäische Union und Deutschland, das zu ihr gehört, wird Moskau unter Putin und auch unter Medwedjew nicht sein und schon gar nicht Teil eines von Brüssel dirigierten europäischen Bundes werden. Bei seinem ersten Besuch in Westeuropa hob Präsident Medwedjew im Juni 2008 in Berlin hervor, gesamteuropäische

Werte seien ein Teil des deutschen wie russischen Erbes. Deshalb sei Russland an stabilen Beziehungen mit der Europäischen Gemeinschaft interessiert. «Wir brauchen einander, wir haben ein einziges europäisches Haus, wir haben gemeinsame historische Werte und gemeinsame Probleme.» Er hielt in Berlin eine Rede, in der er Russlands Einwände gegen einen Teil der westlichen Politik in gesetzten Worten hervorhob und zugleich langfristig eine Neuordnung der internationalen Bündniskonstruktionen mit einer verstärkten Rolle Russlands ins Auge zu fassen schien. «Wir wollen nicht umarmt werden. Wir suchen wahrhaft gleichberechtigte Beziehungen und nichts sonst.» Ausländische Kritik an politischen Rechten und Institutionen in Russland verbat er sich höflich, aber klar. Seine positive Beurteilung der deutschen Vorschläge für eine wirtschaftliche Entwicklungszusammenarbeit fand bei seinen Zuhörern aus Politik und Wirtschaft großen Beifall, ebenso der sachliche, eher nüchterne Ton, mit dem er eine künftige russische Politik umriss.

Dies entsprach den deutschen Hoffnungen, dass Moskaus Politik nicht gegen die Nachbarn und nicht auf eine Wiedererringung des verlorenen Imperiums, sondern auf ein starkes, aber nicht drohendes Russland gerichtet sei. Eine Russlandpolitik, deren Ziele und Möglichkeiten durchdacht und eindeutig formuliert waren, gab es weder in Berlin noch in den anderen EU-Hauptstädten. Von Seiten der Europäer kamen mehr oder weniger strenge und moralische Aufforderungen, Demokratie und Menschenrechte zu achten, kombiniert mit dem Hinweis auf die Möglichkeit einer Zusammenarbeit bei der russischen Wirtschaftsmodernisierung – beides für Russland nur mäßig interessant, zumal Moskau lieber Stimmen hörte, nach denen die europäischen Staaten im Kielwasser des Energietankers Russland mitschwimmen sollten.

Den Amerikanern dagegen erschien eine Politik der Eindämmung notwendig, was seinen Niederschlag in der Forderung nach einer Aufnahme der Ukraine und Georgiens in das Mitgliedschaftsprogramm der NATO sowie in der Entsendung amerikanischer Militärberater nach Georgien fand. Allerdings sollte sich herausstellen, dass auch auf US-Seite Ziele und Möglichkeiten auseinanderklafften.

Dies wurde deutlich, als russische Truppen im August 2008 die Grenze Georgiens überschritten und tief ins kleine Nachbarland vorstießen. Es war das erste Mal, dass die russische Armee seit dem Ende der Sowjetunion jenseits der eigenen Grenzen angriff. Ausgelöst wurde die Militäraktion durch einen Vorstoß Georgiens, das offenbar hoffte, im Handstreich Süd-Ossetien zurückerobern zu können, ein Territorium, das sich Anfang der 90er-Jahre in einem Bürgerkrieg von der Republik Georgien gelöst hatte. Seitdem hatten russische Truppen aufgrund internationaler Vereinbarungen die Georgier und die Süd-Osseten voneinander getrennt, ohne dass eine neue Grenzziehung stattgefunden hätte. Georgische Truppen drangen nun in das kleine Süd-Ossetien ein und lösten einen Konflikt mit Russland aus, den Georgien nur verlieren konnte. Umgehend aus der Olympiastadt Peking eingeflogen, sprach Ministerpräsident Wladimir Putin in Nord-Ossetien, feldmarschmäßig in Windjacke, zu ossetischen Flüchtlingen und erklärte, angesichts der georgischen Aggression sei es kaum vorstellbar, dass Süd-Ossetien ein Teil Georgiens bleibe.

Die russischen Truppen waren kampfbereit aufgestellt, und manches spricht dafür, dass der georgische Angriff nur der Startschuss zur Umsetzung bestehender russischer Pläne war. Schnell drangen die russischen Panzer nach Süd-Ossetien, Abchasien und weit ins Innere von Georgien vor. Anders als im Krieg in Tschetschenien, an den manche Bilder von den Zerstörungen erinnerten, fand der Krieg vor den Augen der internationalen Presse statt. Bildberichte vom brutalen Einmarsch georgischer Truppen in Süd-Ossetien wurden überlagert von den Bildern von Übergriffen, Plünderungen und gewalttätiger Behinderung der journalistischen Berichterstattung, die teils von russischen Truppen, teils von ihren

Helfern, Einheiten aus Tschetschenien und Nord-Ossetien, verübt wurden.

Für die Staaten der Europäischen Union handelte Präsident Sarkozy mit Präsident Medwedjew lediglich eine Waffenruhe aus, die den Abzug der russischen Truppen aus den Kerngebieten Georgiens und die Wiederherstellung des unübersichtlichen Status quo ante zum Ziel hatte. Russland stellte sich auf den Standpunkt, Süd-Ossetien und Abchasien könnten nach den Ereignissen vom August 2008 niemals wieder ein Teil Georgiens sein. Tatsächlich hatte es auf diese Weise die Herrschaft über zwei georgische Provinzen gewonnen. Zu einer rechtlichen Anerkennung dieses Zustands aber war nur ein einziger Staat der Welt – Venezuela – bereit. Selbst Nachbarstaaten mit guten Beziehungen zu Moskau verweigerten sich der russischen Bitte nach diplomatischer Unterstützung. Weder die europäischen noch die russischen Bemühungen hatten zu einer stabilen Lösung geführt.

Neue Verunsicherungen und Befürchtungen prägen nun das Feld der internationalen Politik im Osten Europas. Staaten, die früher im Warschauer Pakt der sowjetischen Führung unterworfen waren, fürchteten die Macht des neuen Russlands. In den baltischen Staaten, in der Ukraine, aber auch in Polen tauchte das Schreckgespenst einer Auferstehung des Imperiums der Zaren und der Bolschewiki auf. Russische Stimmen verstärkten ihre Befürchtungen. Die polnische Regierung stimmte kurz nach dem russischen Einmarsch in Georgien der seit Jahren diskutierten Installierung amerikanischer Raketenabwehrstellungen zu. Ein russischer General erklärte darauf diese Stellungen für eine unmittelbare Bedrohung Russlands und fügte hinzu, die russische Militärdoktrin behalte sich immer noch für den Ernstfall den Einsatz von Atomwaffen vor.

In der russischen Innenpolitik, in der eine Entscheidung zwischen Putin und Medwedjew über den nächsten Präsidenten der Russischen Föderation bevorzustehen schien, bereitete sich eine Wende vor, die bei aller grundsätzlichen Bedeutung nicht frei von Überraschung oder gar Komik war.

Als Ministerpräsident hatte Putin in seinen politischen Konstruktionen mit den machtorientierten Männern des Regierungsapparates und der Bürokratie seine Vorstellung von einem zentral kontrollierten Machtaufbau ganz pragmatisch zu verwirklichen gesucht. Den schleichenden Verlust an Vertrauen und Ansehen in der Bevölkerung, den die von ihm gegründeten Parteien dabei erlitten, sollte nun eine Allrussische Volksfront unter Leitung eines stellvertretenden Ministerpräsidenten auffangen. Einige hundert gesellschaftliche Organisationen mit Bauern und Studenten, Rentnern und Professoren, Frauenvertreterinnen und Sportlern, Gewerkschaftlern und Industriellen werden als Unterstützung für die Wahl Putins zum Präsidenten aufgerufen.

So wurde im Herbst 2011 deutlich, dass es zwischen Präsident Medwedjew und Ministerpräsident Putin keinen Wahlkampf und keine Entscheidung durch die russische Bevölkerung geben würde. Beide hatten in den Monaten zuvor die Akzente unterschiedlich gesetzt. Putin stellte sich als starker Mann zentraler nationaler Staatsführung dar, der sich mit seiner Image-Pflege als Tigerjäger, als Rettungsflieger bei großen Waldbränden oder als mutiger Sporttaucher in Szene gesetzt hatte. Medwedjew war eher als Befürworter einer wirtschaftlichen und begrenzten politischen Modernisierung aufgetreten, die auch eine Stärkung der Rechtssicherheit einzuschließen schien. Immerhin hatte ihm das bei einem Teil der Intellektuellen, der Wirtschaftler und der regionalen Politiker eine gewisse Achtung gesichert. Dann kam der Parteikongress der «Einheit Russlands», und am 24. September 2011 gab Medwedjew den Teilnehmern bekannt, dass Wladimir Putin im folgenden Jahr wieder ins Präsidentenamt einziehen solle. Putin wiederum verkündete, Medwedjew werde als Ministerpräsident kandidieren. Die Mitglieder der Partei waren zufrieden: Die Führung Putins schien gesichert. Ein bisschen überrascht waren sie, als Putin und Medwedjew ihnen erklärten, auf diese Machtverteilung hätten sie sich schon vor Jahren geeinigt.

Sie bedeutet, dass Putin auf jeden Fall für die nächsten sechs Jahre – und vielleicht auf sechs weitere – die Politik Russlands bestimmen will und für Medwedjew wenig mehr als eine ausführende Rolle auf Gebieten zweiter Größenordnung übrig bleibt. Putin hatte in den politischen Konstruktionen der letzten Jahre seine Vorstellung von einem zentral kontrollierten Machtaufbau, mit dem von ihm beherrschten Regierungsapparat, den Sicherheits- und Verteidigungsorganisationen und der Oberschicht der Millionäre verwirklicht. Wählerentscheidungen hatten bei der Besetzung staatlicher und regionaler Institutionen kaum noch eine Rolle gespielt und waren ganz offiziell durch die Entscheidungsmacht der Zentrale ersetzt worden.

In der innenpolitischen Auseinandersetzung hatten Putins Leute die verlorene Macht und nationale Größe Russlands ebenso stark hervorgehoben, wie die angeblich zuverlässige Ordnung und Lebenssicherheit in der Sowjetgesellschaft. Die ersten zehn Jahre demokratischer Versuche nach dem Zerfall der Sowjetunion galten nun als eine Zeit des Zerfalls, der Armut und des Hungers. Im zweiten Jahrzehnt habe Putin dann Ordnung und steigenden Lebensstandard geschaffen – wobei selbstverständlich unterschlagen wurde, dass nach den unruhigen Jahren des Umbruchs eben gleichzeitig mit Putins Machtübernahme weltweit die Öl- und Gaspreise dramatisch gestiegen waren. Trotzdem war das Ansehen Putins in diesem letzten Jahrzehnt ebenso beschädigt worden wie das von Medwedjew. Einerseits ließen beide erkennen, dass eine Modernisierung der russischen Wirtschaft von großer Bedeutung sei – wobei Putin den Schwerpunkt eindeutig auf die zentrale Kontrolle des Prozesses und der russischen Gesellschaft legte. Andererseits fand auch Putin es nötig, seine jungen Anhänger an die geschichtliche Wirklichkeit zu erinnern, als er im Sommerlager der Putin-Jugend eine stalinbegeisterte junge Frau in der Diskussion warnte: Die

Sowjetunion habe auf einem verhängnisvollen Irrweg Millionen Menschen in den Gulags umgebracht und die schöpferische Aktivität, ohne die kein Staat auskomme, vernichtet. So sei sie zum Untergang verurteilt gewesen. Der gleiche Putin hatte – ohne deutlichen Widerspruch von Medwedjew – die Befragung der Wähler, die Beteiligung der Gesellschaft an Entscheidungen und auch die öffentliche Diskussion ständig weiter ausgeschaltet.

Auch Putins Partei, bis dahin unbestritten im Besitz der großen Mehrheit im Parlament, litt unter Auszehrung. Seine neu gegründete Allrussische Volksfront, die manchen Kritikern wie eine Wiederbelebung der allumfassenden KPdSU erschien, brachte es nur zu einer wenig strukturierten Propagandaorganisation ohne politische Kraft. Das zeigte sich am 4. Dezember 2011 bei den DUMA-Wahlen. Vielen russischen Wählern schienen Umstände und Ergebnis deutlich zu machen, dass die Regierungspartei Einiges Russland nur durch verfälschende Eingriffe in den Wahlverlauf überhaupt in die Nähe einer knappen Mehrheit gebracht worden war. In den nächsten zwei Wochen konnten Putin und Medwedjew durch die Ankündigung einer gerechteren Wahlordnung und Beteiligung der Öffentlichkeit bei späteren Entscheidungen nicht genügend Vertrauen gewinnen, um die vielen Protestdemonstrationen in russischen Städten einzudämmen. Zu Zehntausenden waren Kritiker des herrschenden Systems auf die Straße gegangen, zunächst von Polizeieinheiten auseinander getrieben, dann – als habe Putin die Nutzlosigkeit solcher Gewaltmaßnahmen erkannt – mit immer geringeren polizeilichen Gegenmaßnahmen behindert worden. Unter den Zehntausenden von Demonstranten fanden sich Anhänger verschiedener Parteien – von den Kommunisten über die neu entstehende bürgerlich-demokratische Mitte bis zu den extremen Nationalisten. Die Veränderungen, die sich da ankündigten, wurden am deutlichsten in der Zusammensetzung des Kerns der Protestierer. Am stärksten vertreten war die Altersgruppe zwischen 25 und 40. Mehr als zwei Drittel hatten an Universitäten,

Technischen Hochschulen oder spezialisierten Berufsschulen studiert. Zum ersten Mal meldete sich eine neu entstehende Mittelschicht, die freilich bisher weder über feste politische Ziele noch über eine geschlossene Führungsschicht verfügt.

Putin und Medwedjew können nicht mehr sicher sein, dass die Volksfrontparole «Alles für den Sieg Russlands» ihnen eine solide Basis verschaffen kann, so wenig wie die von Putin unmittelbar nach den Protestdemonstrationen verkündete Gehaltserhöhung für die Bereitschaftspolizei. Andererseits ist ein Übergang von den demokratischen Protestbewegungen zu einer starken, handlungsfähigen Opposition auf kurze Sicht unwahrscheinlich oder unmöglich.

Zwanzig Jahre nach dem Zerfall der Sowjetunion scheint sich die russische Politik in einer Sackgasse zu befinden, die sie auch im Lauf der nächsten Jahre nicht verlassen kann. Welche Zukunftsvisionen, welche Innen- und Außenpolitik sich daraus ableiten lassen, bleibt ungewiss. Nicht zuletzt, weil die schweren Krisen in den westlichen Demokratien die Bewunderung und auch das Interesse an ihnen so sehr geschwächt haben, wie im Westen die Bereitschaft, sich mit Russland auf anderen als den reinen handels- und wirtschaftspolitischen Gebieten zu beschäftigen.

Aber trotz aller Irritationen ist in den letzten Jahren immer wieder deutlich geworden, dass die Zusammenarbeit mit diesem schwierigen Nachbarn für die Europäer notwendig und für die Lösung der großen Zukunftsfragen unumgänglich ist. Es wird allerdings mehr Fantasie und Planung brauchen, als in den letzten Jahren von der Europäischen Union und ihren Mitgliedsstaaten aufgebracht worden sind, um eine Balance zu finden zwischen den Chancen einer möglichst breiten Zusammenarbeit und der Gefahr, dass sich Politiker in Moskau ermutigt fühlen, ihren Willen mit den Mitteln militärischen und energiewirtschaftlichen Drucks durchzusetzen. Für Russland wäre es eine gefährliche Selbstüberschätzung, wenn es glaubte, durch Ausbau seiner Militärstützpunkte etwa in Zentralasien seine weltpolitischen Machtpositionen zu verstärken. Russland hat mit vielen Mächten wie China, den USA oder der Europäischen Union gewisse gemeinsame Interessen, aber auch starke Gegensätze und mit keinem genügend Gemeinsamkeiten für zuverlässige und langfristige strategische Bündnisse. Der Gewinn von internationalem Einfluss durch die Verfügung über einen bedeutenden Teil der internationalen Erdöl- und Erdgasversorgung ersetzt auf die Dauer weder den Übergang zu einem effektiven Wirtschaftssystem in einen modernen, letztlich demokratischen Staat noch die vertrauensvolle Teilnahme an einem internationalen Bündnissystem, das die unmittelbaren Nachbarn ebenso wie die großen internationalen Konkurrenten einschließt.

Das weite und alte Russland hat seine zukünftige Gestalt noch nicht gefunden. Wie Deutschland war es unter den großen europäischen Nationen ein Nachzügler auf dem Weg zu einer zivilisierten Demokratie gewesen. Aber nichts beweist, dass es Russlands Schicksal ist, wieder ein autokratisches Imperium zu werden, und dass es seinen Weg nicht gemeinsam mit den Nachbarn zu gehen vermöchte. Zur Lösung der gewaltigen Zukunftsaufgaben, vor denen Russland, Deutschland und alle ihre Nachbarn stehen, führt nur der Weg der Verhandlungen und der Zusammenarbeit.

ANHANG

ZEITTAFEL

8. und 9. Jh.	Ostslawische Stämme vereinigen sich im Gebiet an Dnjepr und Wolga.
858	Wikinger erobern Kiew. Es entsteht mit dem Kiewer Rus das erste russische Reich.
988	Großfürst Wladimir von Kiew lässt sich taufen.
1037	Bau der Sophienkathedrale in Kiew.
1089	Der deutsche Kaiser Heinrich IV. vermählt sich mit Prinzessin Praxedis von Kiew.
12. Jh.	Jurij Dolgoruki erbaut den ersten Kreml in Moskau.
13. Jh.	Nowgorod wird Hansestadt und Republik.
1223	Schlacht an der Kalka. Mongolen und Tataren besiegen die russischen Fürsten.
1242	Der Deutsche Ritterorden greift Nowgorod an.
13. Jh.	Machtgewinn des Großfürstentums Moskau unter der Tatarenherrschaft.
1380	Schlacht auf dem Schnepfenfeld. Sieg des russischen Fürsten Alexander Newski über die Mongolen und Tataren.
1462	Iwan III. der Große erweitert Moskaus Herrschaftsbereich nach Westen.
	Erstes russisches Gesetzbuch, der Sudebnik.
1489	Kaiser Friedrich III. bietet dem Großfürsten von Moskau den Königstitel an.
1547	Iwan IV. der Schreckliche lässt sich zum «Zaren von ganz Russland» krönen.
1553	Kriege mit Polen, Litauen, dem baltischen Ritterorden, Schweden und Dänemark.
	Eroberung Sibiriens. Brutale Unterdrückung von Adel und Kaufmannschaft.

1600 Die Polen erobern Moskau.
Die Nowgoroder Volkswehr unter dem Kaufmann Minin und dem Fürsten Poscharskij befreit Moskau.
Die Landesversammlung wählt den siebzehnjährigen Michael Romanow zum Zaren. Beginn der Herrschaft der Romanow-Dynastie.

1639 Russische Kosaken an der Küste des Stillen Ozeans.

1649 Kosakenaufstände gegen Polen. Die ukrainische Volksversammlung beschließt die Wiedervereinigung mit Russland.

1667 Aufstände der Bauern und Kosaken im Wolgagebiet.

1672–1725 Peter der Große

1689 Grenzvertrag mit China. Ausdehnung Russlands ans Schwarze Meer, nach Polen und Sibirien.

1697 Nach Holland und England besucht Zar Peter in Wien Kaiser Leopold, in Dresden und Krakau König August den Starken.

1703 Gründung von St. Petersburg.

1709 Peter der Große schlägt die Schweden bei Poltawa. Russland wird zur europäischen Großmacht.

1725 Akademie der Wissenschaften nach Plänen von Leibniz in St. Petersburg gegründet.

1729 Sophie von Anhalt-Zerbst, später Katharina die Große genannt, als Tochter des preußischen Stadtkommandanten in Stettin geboren.

1756–63 Siebenjähriger Krieg; Russland unterstützt Friedrich den Großen gegen Österreich.

1762 Krönung Katharina der Großen.

1772 1. Teilung Polens unter Russland, Österreich und Preußen.

1774 Eroberung der Krim.

1800 Russland beteiligt sich am Koalitionskrieg gegen Napoleon.

1812 Moskau von Napoleon erobert und von den Russen in Brand gesteckt.

1815 Das Bündnis von Russland, England, Österreich und Preußen besiegt Napoleon.

1815 Russische Truppen in Paris.
Alexander I., der «Befreier Europas», begründet die Heilige Allianz der Herrscher von Russland, Österreich und Preußen gegen die liberalen Bewegungen der Völker.

1825 Dekabristenaufstand gegen die autokratische Herrschaft der Zaren.

1849 Russland unterstützt Österreich bei der Unterdrückung des ungarischen Aufstands.

1853–1856	Im Krimkrieg besiegen England und Frankreich Russland am Schwarzen Meer.
1861	Aufhebung der Leibeigenschaft. Entstehung bäuerlich-sozialistischer Bewegungen.
1870/71	Deutsch-Französischer Krieg, Gründung des Deutschen Kaiserreichs.
1873	Dreikaiserabkommen zwischen Deutschland, Russland und Österreich.
1877	Beginn des Baus der Transsibirischen Eisenbahn.
1883	Gründung der ersten russischen marxistischen Gruppe in der Schweiz.
1887	Geheimer Rückversicherungsvertrag Bismarcks mit Russland.
1895	Lenin gründet in St. Petersburg den «Kampfbund zur Befreiung der Arbeiterklasse».
1905	Niederlage Russlands im Krieg gegen Japan, Aufstand am «Blutigen Sonntag» in St. Petersburg.
1914–1918	1. Weltkrieg
1917	Nach schweren russischen Niederlagen Februarrevolution, Abdankung des Zaren und Einsetzung einer provisorischen Regierung. Das Vielvölkerreich löst sich auf. Oktoberrevolution. Machtübernahme der Bolschewiki unter Lenin. Auflösung der verfassunggebenden Versammlung, Ausrufung der Russischen Sozialistischen Föderativen Sowjetrepublik. Friedensschluss mit Deutschland.
1922	Vertrag von Rapallo, Beginn enger militärischer und wirtschaftlicher Zusammenarbeit zwischen der Sowjetunion und Deutschland.
1924	Lenin stirbt. Stalin übernimmt die Macht.
1928	Kollektivierung der Landwirtschaft, Industrialisierung, erster Fünf-Jahres-Plan.
1933	Machtübernahme Hitlers in Deutschland.
1934	Beginn der Schauprozesse und der Massenliquidierungen in Moskau.
1939	Nichtangriffspakt zwischen Deutschland und der Sowjetunion. Beginn des 2. Weltkriegs mit dem deutschen Einmarsch in Polen. England und Frankreich erklären Deutschland den Krieg. Sowjetische Truppen besetzen Ostpolen. Deutsch-sowjetischer Grenz- und Freundschaftsvertrag.
1941	Deutsche Truppen marschieren in die Sowjetunion ein.
1942	Nach Niederlagen der Wehrmacht bei Stalingrad und Kursk beginnt der Marsch der Sowjetunion nach Westen.

1945	Auf der Potsdamer Konferenz ziehen die Russen, Briten und Amerikaner die Grenzlinien zwischen den Machtblöcken. Sowjetische Truppen erobern Berlin.
1949	Gründung der Bundesrepublik Deutschland und der Deutschen Demokratischen Republik.
1953	Tod Stalins.
1956	Chruschtschow berichtet auf dem 20. Parteikongress von Stalins Verbrechen.
1956	Reise Adenauers nach Moskau, Aufnahme diplomatischer Beziehungen.
1968	Einmarsch der Warschau-Pakt-Truppen in die Tschechoslowakei. Sowjetische Militärintervention in Ungarn.
1970	Bundeskanzler Brandt in Moskau, Unterzeichnung des Vertrags über Gewaltverzicht und die Grenzen in Europa.
1979	Sowjetischer Einmarsch in Afghanistan.
1985	Michail Gorbatschow wird Generalsekretär der KPdSU. Beginn der Reform- und Entspannungspolitik.
1987	Abkommen zwischen Gorbatschow und Reagan über den Abzug aller in Europa stationierten Mittelstreckenraketen.
1990	2 + 4-Vertrag über die Wiedervereinigung Deutschlands.
1991	Bewaffneter Putsch konservativer Funktionäre gegen Präsident Gorbatschow. Verbot der KPdSU. Boris Jelzin wird Präsident Russlands. Auflösung des Unionsvertrags durch die sowjetischen Republiken und Ende der Sowjetunion sowie des Warschauer Pakts.
1994	Abzug der letzten sowjetischen Truppen aus Deutschland.
1996	Russland wird Mitglied des Europarats.
1999	Beginn des Krieges gegen das aufständische Tschetschenien.
2000	Wahl Putins zum Präsidenten der Russischen Föderation.
2008	Dmitri Medwedjew wird Präsident Russlands, Wladimir Putin wird Ministerpräsident.
2011	Dmitri Medwedjew schlägt Wladimir Putin als künftigen Präsidenten Russlands vor und wird von Putin als Kandidat für den Posten des Ministerpräsidenten vorgeschlagen.

Die altrussischen Fürstentümer
und ihre Nachbarn im 12. Jahrhundert.
Die Grenzen des Kiewer Rus

Das Reich Iwans des Großen

Das Russische Reich 1796–1914
Das letzte Zarenreich von 1914

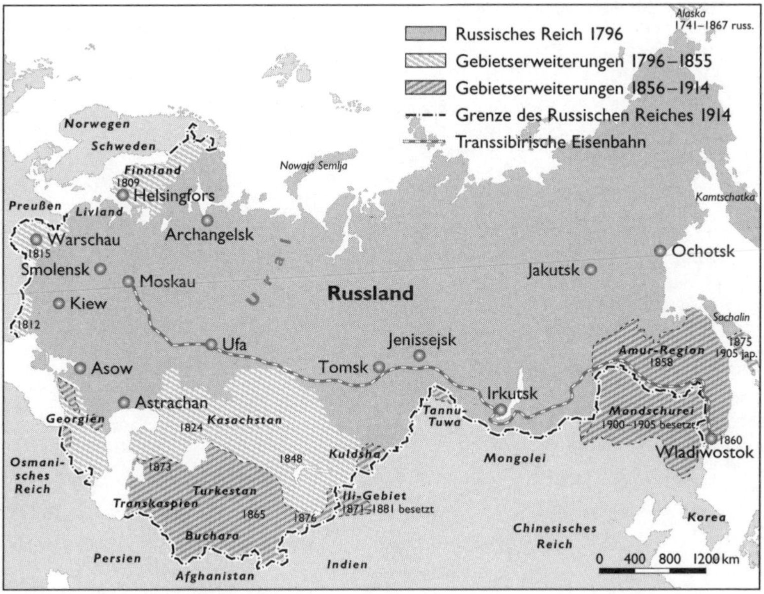

1991, Der Zerfall des Russischen Imperiums

Russland
Unabhängige Staaten ab 1991
Warschauer-Pakt-Staaten
Nordpolarmeer
Wrangel-I.
Tschukotka
Beringmeer
Anadyr
Ostsibirische See
Anjou-Inseln
Laptewsee
Lena
Kamtschatka
Magadan
Ochotsk
Aldan
rilsk
Nordsibirisches Tiefland
Jakutsk
Ochotskisches Meer
Russland
Lena
Untere Tunguska
Aldan
Sachalin
Mittelsibirisches Plateau
Jenissei
Ob
Amur
Chabarowsk
Krasnojarsk
Baikalsee
Nowosibirsk
Irkutsk
Ulan-Ude
Harbin
Wladiwostok
Ulan Bator
Mongolei
Nord-korea
Pjöngjang
Seoul
Gobi
Urumtschi
Beijing (Peking)
Süd-korea
Gelbes Meer
China
Huang Ho
0 200 400 600 km

LITERATURHINWEISE

Bender, Peter: Deutschlands Wiederkehr. Stuttgart 2007.

Besymenski, Lew: Stalin und Hitler. Berlin 2004.

Figes, Orlando: Die Tragödie eines Volkes. Berlin 1996.

Figes, Orlando: Nataschas Tanz: Eine Kulturgeschichte Russlands. Berlin 2003.

Hellmann, Manfred u. a. (Hg.): Handbuch der Geschichte Russlands. Bde. 1–6. Stuttgart 2004.

Judt, Tony: Postwar (Europe since 1945). London 2005.

Kappeler, Andreas: Russische Geschichte. München 2005.

Kasack, Wolfgang (Hg.): Hauptwerke der russischen Literatur. Einzeldarstellungen und Interpretationen. München 1997.

Koenen, Gerd: Der Russland-Komplex. München 2005.

Kopelew, Lew (Hg.): West-östliche Spiegelungen (Russen und Russland aus deutscher Sicht) (Deutsche und Deutschland aus russischer Sicht) (Deutschland und die Russische Revolution 1917–1924). München 1985.

Krummacher, Friedrich A. / Lange, Helmut: Krieg und Frieden. München 1970.

Mommsen Margareta / Nußberger, Angelika: Das System Putin. München 2007.

Montefiore, Simon Sebag: Stalin. Am Hof des roten Zaren. Frankfurt 2006.

Schlögel, Karl: Die Mitte liegt ostwärts. München 2002.

BILDNACHWEIS

Associated Press, New York: S. 187
Bildarchiv Preußischer Kulturbesitz (bpk), Berlin: S. 63
The Bridgeman Art Library, London/Berlin: S. 34
Corbis, Düsseldorf: S. 57 (© Adam Woolfitt), S. 68 (© The State Russian Museum)
Interfoto/Sammlung Rauch, München: S. 103
Ullstein Bild, Berlin: S. 111, 145 (Archiv Gerstenberg), S. 169, 178

Die übrigen Abbildungen wurden folgenden Büchern entnommen:
Keller, Mechthild/Koenen, Gerd: Russen und Rußland aus deutscher Sicht (5 Bde.), hier: Band 1, München 1985: S. 9; Koenen, Gerd: Der Russland-Komplex. Die Deutschen und der Osten 1900–1945, München 2005: S. 121; Vysockij, S. A.: Svetskie freshi: Sovijskogo sobora v Kieve, Kiev 1989: S. 20

Die Abbildung: S. 163 hat der Autor zur Verfügung gestellt.

Karten © Peter Palm, Berlin: S. 201–205

Leider war es nicht in allen Fällen möglich,
die Inhaber der Rechte zu ermitteln.
Wir bitten deshalb gegebenenfalls um Mitteilung.
Der Verlag ist bereit, berechtigte Ansprüche abzugelten.